AF177367

Die Erfindung
des Besserwissers

Anleitung, Korrektur und Belehrung

Eine Betrachtung

von

Lutz Spilker

DIE ERFINDUNG DES BESSERWISSERS – ANLEITUNG, KORREKTUR UND BELEHRUNG

Bibliografische Information der Deutschen Nationalbibliothek:
Die Deutsche Nationalbibliothek verzeichnet diese Publikation in der Deutschen Nationalbiblio-
grafie; detaillierte bibliografische Daten sind im Internet über http://dnb.dnb.de abrufbar.

Softcover ISBN: 978-3-384-30010-2
Ebook ISBN: 978-3-384-30011-9

© 2024 by Lutz Spilker
https://www.webbstar.de
Druck und Distribution im Auftrag des Autors:
tredition GmbH, An der Strusbek 10, 22926 Ahrensburg, Germany

Die im Buch verwendeten Grafiken entsprechen den
Nutzungsbestimmungen der Creative-Commons-Lizenzen (CC).

Sämtliche Orte, Namen und Handlungen sind frei erfunden. Ähnlichkeiten mit lebenden oder
verstorbenen Personen sind daher rein zufällig, jedoch keinesfalls beabsichtigt.
Das Werk einschließlich aller Inhalte ist urheberrechtlich geschützt. Nachdruck oder Reproduk-
tion (auch auszugsweise) in irgendeiner Form (Druck, Fotokopie oder anderes Verfahren) sowie
die Einspeicherung, Verarbeitung, Vervielfältigung und Verbreitung mit Hilfe elektronischer
Systeme jeglicher Art, gesamt oder auszugsweise, sind ohne ausdrückliche schriftliche Geneh-
migung des Autors oder des Verlages untersagt.
Alle Rechte vorbehalten.

Inhalt

Der Kluge lernt aus allem und von jedem, der Normale aus seinen Erfahrungen und der Dumme weiß alles besser.

Sokrates

Sokrates (altgriechisch Σωκράτης Sōkrátēs; * 469 v. Chr. in Alopeke, Athen; † 399 v. Chr. in Athen) war ein für das abendländische Denken grundlegender griechischer Philosoph, der in Athen zur Zeit der Attischen Demokratie lebte und wirkte. Zur Erlangung von Menschenkenntnis, ethischen Grundsätzen und Weltverstehen entwickelte er die philosophische Methode eines strukturierten Dialogs, die er Maieutik (›Hebammenkunst‹) nannte.

Vorwort

Die menschliche Gesellschaft hat im Laufe ihrer Geschichte viele Transformationen durchlaufen. Eine der tiefgreifendsten Veränderungen war die Säkularisierung, die Loslösung der Gesellschaft von religiöser Kontrolle und Einfluss. Diese Transformation hat nicht nur die politischen und sozialen Strukturen beeinflusst, sondern auch die Art und Weise, wie Wissen vermittelt und wahrgenommen wird. Zur Deutlichmachung der Thematik, die stets mit einer Veränderung einhergeht, ist die Säkularisierung unbedingt anzuführen.

Philosophen und Gelehrte früherer Zeiten, von der Antike bis zur Industrialisierung, entwickelten ihre Lehren und Theorien unter dem starken Einfluss der Kirche und ihrer dogmatischen Kontrolle. Dieser religiöse Einfluss prägte die Vorstellungen von Wahrheit, Wissen und Moral. Mit der Säkularisierung und dem Rückgang des kirchlichen Einflusses begann jedoch ein Wandel, der es der Wissenschaft und dem rationalen Denken ermöglichte, unabhängiger zu gedeihen. Die Lehren, die Philosophen damals entwickelten, würden nach dem aktuellen Stand der Gesellschaft und der Entwicklung der Wissenschaft völlig anders ausfallen, weil der spürbare Einfluss der Kirche nicht mehr vorhanden wäre.

Diese Veränderung im Umgang mit Wissen und Wahrheit bildet den Hintergrund für das Thema dieses Buches: ›Die Erfindung des Besserwissers.‹ Der Begriff ›Besserwisser‹ trägt im allgemeinen Sprachgebrauch oft eine negative Konnotation. Er beschreibt jemanden, der ungefragt und oft belehrend korrektive Bemerkungen macht. Doch diese Figur des Besserwissers ist komplexer, als es auf den ersten Blick erscheint. Ursprünglich bezeichnete der Besserwisser jemanden, der tatsächlich recht hat, jemandem, der richtige Informationen besitzt und diese teilt.

Im modernen Kontext stellt sich die Frage, warum die Rolle des Besserwissers oft auf Ablehnung stößt. Warum fühlen sich Menschen durch Korrekturen und Belehrungen angegriffen, selbst wenn diese korrekt und gut gemeint sind? Um diese Frage zu beantworten, müssen wir tief in die sozialen und psychologischen Mechanismen eintauchen, die unser Verständnis und unseren Umgang mit Wissen prägen.

Der Besserwisser ist nicht nur eine Figur des Alltags, sondern auch ein Symbol für die ständige Spannung zwischen Wissen und Ignoranz, zwischen Lernbereitschaft und Stolz. Diese Spannung manifestiert sich in verschiedenen sozialen Kontexten – sei es im Klassenzimmer, im beruflichen Umfeld oder in alltäglichen Interaktionen. Ein Lehrer, der einen Schüler korrigiert, oder ein Kollege, der eine falsche Annahme richtigstellt, sind moderne Beispiele für den Besserwisser. In all diesen Fällen geht es darum, wie Menschen auf Korrekturen reagieren und wie diese Reaktionen durch frühere Erfahrungen und gesellschaftliche Normen geprägt werden.

Ein zentraler Aspekt, den dieses Buch untersucht, ist die Unterscheidung zwischen Exaktheit und Flexibilität. Manche Menschen legen großen Wert auf Präzision und Unveränderlichkeit – für sie sind Fakten und Zahlen unantastbar und exakt. Andere bevorzugen eine flexiblere Herangehensweise, bei der sie je nach Situation entscheiden, was richtig ist. Diese unterschiedlichen Herangehensweisen können zu Missverständnissen und Konflikten führen, insbesondere wenn es um die Vermittlung und Annahme von Wissen geht.

Darüber hinaus beleuchtet dieses Buch die Rolle des Besserwissers im digitalen Zeitalter. Mit dem Aufkommen von sozialen Medien und der ständigen Verfügbarkeit von Informationen hat sich die Dynamik des Wissensaustauschs grundlegend verändert. Informationen verbreiten sich schneller als je zuvor, und die Linie zwischen Fakten und Meinungen verschwimmt zunehmend. In diesem Umfeld ist der Besserwisser oft eine umstrittene Figur, die entweder als Hüter der Wahrheit oder als lästiger Pedant wahrgenommen wird.

Ein weiteres wichtiges Thema ist die Frage, wie Kritik und Korrektur konstruktiv gestaltet werden können. In einer Gesellschaft, die zunehmend von individualistischen Werten geprägt ist, kann es schwierig sein, Kritik anzunehmen, ohne sie als persönlichen Angriff zu empfinden. Das Buch bietet Einblicke in pädagogische Ansätze und Kommunikationsstrategien, die darauf abzielen, Kritik so zu vermitteln, dass sie als hilfreich und unterstützend wahrgenommen wird.

›Die Erfindung des Besserwissers‹ lädt Sie ein, die unterschiedlichen Seiten dieser interessanten Figur zu erkunden. Es geht darum, zu verstehen, warum wir Wissen auf bestimmte Weise vermitteln und aufnehmen, und wie wir unsere Kommunikations- und Lernprozesse verbessern können.

Dieses Buch ist eine Reise durch die Geschichte, die Psychologie und die sozialen Dynamiken des Wissens – eine Unternehmung, die uns helfen kann, den Besserwisser in uns selbst und in anderen besser zu verstehen und wertzuschätzen.

Ich hoffe, dass Sie durch die Lektüre dieses Buches nicht nur neue Erkenntnisse gewinnen, sondern auch Ihre Perspektive auf Wissen und Korrektur erweitern. Möge dieses Buch dazu beitragen, die Spannung zwischen Wissen und Ignoranz, zwischen Lernbereitschaft und Stolz zu entschärfen und einen konstruktiveren Umgang mit Wissen zu fördern.

Willkommen zu einer umfassenden Erkundung.

Einleitung: Einführung in das Thema und die Relevanz des Besserwissers in der modernen Gesellschaft

Der Besserwisser: Eine zeitlose Figur

Es gibt eine besondere Figur, die sich durch die Jahrhunderte und Kulturen hinweg in unserer Gesellschaft etabliert hat – der Besserwisser. Diese Person, die stets bemüht ist, ihr Wissen zu teilen und vermeintliche Fehler zu korrigieren, stößt auf unterschiedlichste Reaktionen. Oft begegnen wir dem Besserwisser mit einem Augenrollen oder einem Gefühl der Frustration. Doch wer ist dieser Besserwisser wirklich, und warum ist seine Rolle in der modernen Gesellschaft so relevant?

Stellen Sie sich einen gemütlichen Abend mit Freunden vor. Die Unterhaltung ist lebhaft, die Gespräche fließen mühelos, bis ein Freund plötzlich eine weitverbreitete, aber falsche Tatsache äußert. Ohne zu zögern, korrigiert ein anderer Freund diese Aussage mit präzisem Wissen. Sofort ändert sich die Atmosphäre im Raum – ein leichtes Unbehagen macht sich breit. Der korrigierte Freund fühlt sich vielleicht bloßgestellt, während der Korrigierende in der unangenehmen Rolle des Besserwissers landet. Diese alltägliche Szene ist ein Mikrokosmos für das weitreichende Phänomen, das wir in diesem Buch untersuchen wollen.

Historischer Bezug:

Sokrates, der Ur-Besserwisser

Um die Wurzeln des Besserwissers zu verstehen, lohnt es sich, einen Blick in die Antike zu werfen. Einer der berühmtesten Besserwisser der Geschichte war der griechische Philosoph Sokrates. Er ging durch die Straßen Athens und stellte unbequeme Fragen, die die Menschen dazu brachten, ihre Überzeugungen zu hinterfragen. Sokrates' Methode, heute als sokratische Methode bekannt, war darauf ausgelegt, durch gezielte Fragen tiefere Einsichten zu gewinnen. Doch seine Zeitgenossen sahen ihn oft als lästigen Besserwisser, der ihre Unwissenheit bloßstellte.

Sokrates wurde schließlich zum Tode verurteilt, was ein drastisches Beispiel dafür ist, wie bedrohlich und störend ein Besserwisser für die bestehende Ordnung sein kann. Dennoch bleibt seine Methode ein Grundpfeiler der westlichen Bildung und Philosophie. Diese historische Perspektive zeigt, dass die Figur des Besserwissers, obwohl oft unwillkommen, eine wichtige Rolle im Fortschritt des menschlichen Denkens und Wissens spielt.

Der moderne Besserwisser

In der heutigen Zeit hat sich die Figur des Besserwissers weiterentwickelt. Die Digitalisierung und der Zugang zu unendlichen Informationsquellen haben dazu geführt, dass jeder von uns zum potenziellen Besserwisser werden kann. In sozialen Medien verbreiten sich Informationen blitzschnell, und oft fühlt sich jemand berufen, eine falsche Aussage zu korrigieren. Diese Dynamik hat jedoch nicht nur die Anzahl der Besserwisser erhöht, sondern auch die Art und Weise verändert, wie wir auf sie reagieren.

Während der Besserwisser in persönlichen Interaktionen oft als lästig empfunden wird, kann er in der digitalen Welt sowohl als Held der Wahrheit als auch als nerviger Klugscheißer auftreten. Die Anonymität und Distanz des Internets verschärfen diese Reaktionen noch. Ein Kommentar, der in einem persönlichen Gespräch vielleicht als hilfreicher Hinweis aufgenommen würde, kann online schnell als herablassend und belehrend wahrgenommen werden.

Die Relevanz in der modernen Gesellschaft

Warum ist der Besserwisser in unserer heutigen Gesellschaft so relevant? Die Antwort liegt in der Art und Weise, wie Wissen und Information in unserer Zeit vermittelt und verarbeitet werden. Mit der Flut an verfügbaren Daten und der Geschwindigkeit, mit der diese verbreitet werden, wächst auch die Notwendigkeit, zwischen wahrer Information und Fehlinformation zu unterscheiden. Hier kommt der Besserwisser ins Spiel –

seine Rolle, ob gewollt oder ungewollt, ist es, Klarheit zu schaffen und Korrektheit zu gewährleisten.

Jedoch ist die Aufgabe des Besserwissers nicht nur auf die Vermittlung von Wissen beschränkt. Sie beinhaltet auch die Herausforderung, dies auf eine Weise zu tun, die konstruktiv und respektvoll ist. Die Fähigkeit, Wissen so zu teilen, dass es angenommen und nicht abgelehnt wird, ist eine wertvolle soziale Kompetenz. In einer Zeit, in der Fakten oft durch Meinungen ersetzt werden und Desinformation eine ernsthafte Bedrohung darstellt, ist die Figur des Besserwissers notwendiger denn je.

Persönliche Anekdote:

Ein Moment der Erleuchtung

Erlauben Sie mir, mit einer persönlichen Anekdote zu schließen, die die Zwiespältigkeit des Besserwissers veranschaulicht. Vor einigen Jahren nahm ich an einem wissenschaftlichen Symposium teil. Während einer Pause diskutierte ich mit einem Kollegen über ein komplexes Thema. Plötzlich mischte sich ein dritter Wissenschaftler ein und korrigierte uns beide mit einer beeindruckenden Detailkenntnis. Zunächst fühlte ich mich etwas angegriffen und war versucht, seine Einmischung als unnötig abzutun. Doch als ich seine Ausführungen bedachte, erkannte ich den Wert seiner Korrektur. Sie führte zu einer tieferen Einsicht und einem neuen Verständnis des Themas, das ohne seine Intervention unerreicht geblieben wäre.

Diese Erfahrung lehrte mich, die Rolle des Besserwissers zu schätzen und die positiven Aspekte dieser oft unbeliebten Figur zu erkennen. Der Besserwisser kann uns herausfordern, unser Wissen zu überprüfen und zu erweitern, und uns dabei helfen, Missverständnisse und Irrtümer zu vermeiden.

Fazit:

Der Besserwisser ist eine interessante gleichsam schillernde Figur, deren Bedeutung weit über das bloße Korrigieren hinausgeht. Er repräsentiert die Spannung zwischen Wissen und Ignoranz, zwischen Lernbereitschaft und Stolz. In einer Welt, die sich ständig verändert und in der Wissen immer zugänglicher wird, bleibt die Rolle des Besserwissers von entscheidender Bedeutung. Dieses Buch lädt Sie ein, diese Rolle aus verschiedenen Blickwinkeln zu betrachten und die Mechanismen zu verstehen, die unser Verhältnis zu Wissen und Korrektur prägen. Gemeinsam werden wir erkunden, wie wir den Besserwisser in uns selbst und in anderen besser verstehen und wertschätzen können.

Teil 1:

Historische und

soziologische Grundlagen

Die Ursprünge des Besserwissers - Die historischen Wurzeln des Besserwissers

Die Figur des Besserwissers hat ihre Wurzeln tief in der Menschheitsgeschichte. Schon in den frühesten Aufzeichnungen menschlicher Zivilisationen finden sich Hinweise auf Personen, die sich durch besonderes Wissen und die Bereitschaft zur Korrektur anderer auszeichneten. Doch wer waren diese frühen Besserwisser, und wie wurden sie von ihren Mitmenschen wahrgenommen?

In den antiken Hochkulturen Mesopotamiens, Ägyptens, Griechenlands und Roms spielten Gelehrte und Weise eine zentrale Rolle in der Gesellschaft. Diese Personen waren oft die Hüter des Wissens, und ihr Ansehen hing eng mit ihrer Fähigkeit zusammen, richtige Informationen weiterzugeben und falsche Annahmen zu korrigieren. In den Mythen und Legenden dieser Kulturen finden sich zahlreiche Beispiele von Göttern und Halbgöttern, die durch ihre Weisheit hervorstachen und die Menschheit lehrten.

Der Besserwisser in der griechischen Philosophie

Ein herausragendes Beispiel für die historische Figur des Besserwissers ist der bereits erwähnte Sokrates. Im antiken Griechenland nahm die Philosophie einen zentralen Platz im intellektuellen Leben ein, und Sokrates war bekannt für seine unermüdliche Suche nach Wahrheit und Wissen. Seine Methode des Dialogs und der ständigen Hinterfragung machte ihn zu einem archetypischen Besserwisser. Sokrates' Ansatz war es, durch gezielte Fragen die Unwissenheit seiner Gesprächspartner zu offenbaren und sie so zu tieferem Nachdenken zu bewegen.

Dieser sokratische Dialog hat die westliche Philosophie nachhaltig geprägt und zeigt, wie die Rolle des Besserwissers als Katalysator für Erkenntnis und Bildung wirken kann. Doch Sokrates' Beharrlichkeit führte auch zu Konflikten, und seine Kritiker sahen ihn als Störenfried und Gefahr für die traditionelle Ordnung. Seine Verurteilung und Hinrichtung sind ein eindrucksvolles Beispiel dafür, wie ambivalent die Gesellschaft auf Besserwisser reagieren kann.

Der Besserwisser im Mittelalter

Im Mittelalter, einer Zeit des tiefen religiösen Glaubens und der kirchlichen Kontrolle über Wissen, änderte sich die Rolle des Besserwissers. Gelehrte und Kleriker, die Zugang zu den seltenen und kostbaren Schriften hatten, wurden oft als die ultimativen Besserwisser angesehen. Klöster und Kirchen waren die Hauptzentren des Wissens, und die Weitergabe und

Korrektur von Informationen war eng mit religiösen Dogmen verbunden.

Ein faszinierendes Beispiel aus dieser Epoche ist Thomas von Aquin, der im 13. Jahrhundert lebte. Als einer der einflussreichsten Theologen und Philosophen seiner Zeit, verband er das Wissen der antiken Philosophen mit der christlichen Theologie. Thomas von Aquin war bekannt für seine scharfsinnigen Argumentationen und seine Fähigkeit, komplexe philosophische und theologische Fragen zu beantworten. In vielen Aspekten repräsentierte er den mittelalterlichen Besserwisser, der durch tiefes Wissen und eine unerschütterliche Überzeugungskraft geprägt war.

Der Besserwisser in der Renaissance und Aufklärung

Mit der Renaissance und der darauf folgenden Aufklärung erlebte Europa eine Zeit des intellektuellen und kulturellen Aufschwungs. Diese Epochen brachten eine neue Wertschätzung für Wissen und kritisches Denken mit sich. Gelehrte wie Leonardo da Vinci, Galileo Galilei und Isaac Newton stellten traditionelle Ansichten in Frage und trugen zur Revolution des wissenschaftlichen Verständnisses bei.

Galileo Galilei, ein weiterer prominenter Besserwisser, stieß mit seinen astronomischen Entdeckungen auf heftigen Widerstand der Kirche. Seine Behauptung, dass die Erde um die Sonne kreist, widersprach den damaligen kirchlichen Lehren und führte zu seinem Hausarrest. Galileo verkörpert die Herausforderung, die Besserwisser gegenüber etablierten Autoritäten darstellen, sowie den oft schmerzhaften, aber notwendigen Fortschritt, den sie bewirken können.

Der Besserwisser in verschiedenen Kulturen

Interessanterweise findet sich die Figur des Besserwissers nicht nur in der westlichen Kultur. In vielen anderen Kulturen und Epochen begegnen wir ähnlichen Charakteren, die durch ihr Wissen und ihre Fähigkeit zur Korrektur hervortreten.

In China beispielsweise gab es während der Zeit der Streitenden Reiche (475-221 v. Chr.) zahlreiche Philosophen und Gelehrte, die als Berater für Herrscher dienten. Konfuzius, einer der berühmtesten chinesischen Philosophen, legte großen Wert auf Bildung und moralische Weisheit. Seine Lehren betonten die Bedeutung des Wissens und der richtigen Handlung, und er korrigierte oft die moralischen Fehltritte seiner Schüler und Zeitgenossen.

Auch in der islamischen Welt des Mittelalters spielten Gelehrte eine zentrale Rolle. Personen wie Avicenna (Ibn Sina) und Averroes (Ibn Rushd) waren nicht nur Ärzte und Philosophen, sondern auch unermüdliche Korrektoren von Missverständnissen und Verfechtern des rationalen Denkens. Ihre Schriften und Übersetzungen antiker Werke trugen maßgeblich zur Bewahrung und Weiterentwicklung des Wissens bei.

Fazit:

Die ewige Relevanz des Besserwissers

Die historische Entwicklung des Besserwissers zeigt, dass diese Figur eine zeitlose und universelle Rolle in der Menschheitsgeschichte spielt. Von den antiken Philosophen bis zu den modernen Wissenschaftlern und Intellektuellen hat der Besserwisser stets dazu beigetragen, Wissen zu verbreiten und Fehler zu korrigieren. Doch ihre Präsenz ist oft ambivalent – sie können als notwendige Hüter der Wahrheit oder als störende Besserwisser wahrgenommen werden.

Die kulturelle und epochale Vielfalt der Besserwisser unterstreicht ihre Bedeutung und zeigt, dass der Umgang mit Wissen und Korrektur tief in unseren sozialen und intellektuellen Strukturen verankert ist. In einer Welt, die sich ständig weiterentwickelt und in der Wissen eine immer zentralere Rolle spielt, bleibt die Figur des Besserwissers eine relevante und oft unverzichtbare Erscheinung.

Die Rolle der Kirche
und der Säkularisierung

Der Einfluss der Kirche auf Wissen und Wahrheit

Über viele Jahrhunderte hinweg war die Kirche die zentrale Autorität in Europa, die nicht nur religiöse, sondern auch soziale, politische und intellektuelle Belange dominierte. Die Kirche verstand sich als Hüterin der göttlichen Wahrheit und beanspruchte das Monopol auf Wissen und Bildung. In Klöstern und Kathedralen entstanden die ersten Universitäten, die oft von Mönchen und Priestern geführt wurden. Theologie galt als die ›Königin der Wissenschaften‹, und jede andere Form des Wissens hatte sich diesem theologischen Rahmen unterzuordnen.

Die Kirche übte eine strenge Kontrolle über die Verbreitung und Interpretation von Wissen aus. Bücher, die nicht mit den kirchlichen Lehren übereinstimmten, wurden verboten und oft verbrannt. Galileo Galilei, der italienische Astronom und Physiker, ist ein bekanntes Beispiel für jemanden, der die Macht der Kirche zu spüren bekam. Seine Unterstützung des heliozentrischen Weltbildes, das die Sonne statt die Erde ins Zentrum des Universums stellte, brachte ihn in Konflikt mit der Kirche und führte zu seiner Verurteilung und lebenslangen Hausarrest.

Die Kontrolle der Kirche über das Wissen beeinflusste auch die gesellschaftliche Ordnung. Die Menschen waren dazu angehalten, Glaubenswahrheiten nicht zu hinterfragen und sich den Autoritäten zu unterwerfen. Das kirchliche Weltbild vermittelte eine klare Hierarchie, in der der Mensch einen festen Platz hatte und sein Schicksal als von Gott gegeben betrachtete. Jede Abweichung von dieser Ordnung wurde als ketzerisch angesehen und hart bestraft.

Veränderungen durch die Säkularisierung und die Aufklärung
Mit der Renaissance und der darauf folgenden Aufklärung begann jedoch ein Wandel, der die kirchliche Dominanz über das Wissen und die Wahrheit herausforderte. Die Säkularisierung bezeichnete die schrittweise Trennung von Kirche und Staat und die Reduktion des kirchlichen Einflusses auf das öffentliche und private Leben.

Die Aufklärung, eine intellektuelle und philosophische Bewegung des 17. und 18. Jahrhunderts, legte den Grundstein für diesen Wandel. Aufklärer wie Voltaire, Diderot und Kant betonten die Bedeutung von Vernunft, Empirie und wissenschaftlicher Methode als Wege zur Erkenntnis. Sie forderten die Menschen auf, den Mut zu haben, sich ihres eigenen Verstandes zu bedienen (›Sapere aude!‹), und stellten die Autorität der Kirche in Frage.

Der Druck auf die Kirche wuchs, ihre Deutungshoheit zu verteidigen, während gleichzeitig neue wissenschaftliche Entdeckungen die Welt erklärten, ohne auf göttliche Interventionen zurückzugreifen. Isaac Newtons Gesetze der Bewegung und Gravitation zeigten, dass das Universum nach nachvollziehbaren, natürlichen Gesetzen funktionierte, die erforscht und verstanden werden konnten. Diese Erkenntnisse reduzierten die Notwendigkeit für übernatürliche Erklärungen und schufen eine Welt, die zunehmend durch wissenschaftliche statt religiöse Prinzipien verstanden wurde.

Die Säkularisierung schritt weiter voran, als die politischen Revolutionen des späten 18. und frühen 19. Jahrhunderts, insbesondere die Französische Revolution, die Macht der Kirche weiter beschränkten. Klöster wurden aufgelöst, kirchliches Eigentum verstaatlicht und die Bildung wurde laizisiert. Der Mensch trat in den Vordergrund, nicht als ein Geschöpf, das sich der göttlichen Ordnung unterordnen musste, sondern als ein autonomes Individuum mit eigenen Rechten und der Fähigkeit zur Selbstbestimmung.

Auswirkungen auf den Besserwisser

In dieser neuen, säkularen Welt nahm die Rolle des Besserwissers eine andere Dimension an. Vor der Säkularisierung war der Besserwisser oft ein Kleriker, ein Gelehrter der Theologie, der das göttliche Wissen und die kirchlichen Lehren bewahrte und verbreitete. Seine Autorität wurde weitgehend akzeptiert, weil sie von der allumfassenden Macht der Kirche gestützt wurde.

Mit der Säkularisierung und der Aufklärung veränderte sich das Machtgefüge. Der Besserwisser konnte nun aus verschiedenen gesellschaftlichen Schichten stammen: Wissenschaftler, Philosophen, Intellektuelle und sogar der gebildete Bürger. Wissen war nicht mehr exklusiv und von der Kirche monopolisiert, sondern wurde durch Bildung und Wissenschaft zugänglicher und demokratischer. Diese Demokratisierung des Wissens führte zu neuen Spannungen und Konflikten. Der Besserwisser, der früher als Hüter der Wahrheit respektiert wurde, konnte nun als Störenfried oder arroganter Besserwisser wahrgenommen werden, besonders wenn er die etablierten Überzeugungen und den gesunden Menschenverstand in Frage stellte.

Der Übergang von einem kirchlich dominierten zu einem säkularen Wissenssystem bedeutete auch, dass Wissen und Wahrheit nicht mehr als statisch und unveränderlich galten. Wissenschaftliche Erkenntnisse wurden ständig hinterfragt und weiterentwickelt. In diesem dynamischen Umfeld wurde der Besserwisser oft als jemand gesehen, der nicht nur informiert, sondern auch provoziert und herausfordert, was manchmal zu Widerstand und Ablehnung führte.

Fazit:

Die Rolle der Kirche in der Kontrolle und Vermittlung von Wissen prägte über Jahrhunderte hinweg das intellektuelle und gesellschaftliche Leben. Mit der Säkularisierung und der Aufklärung erlebte diese Kontrolle einen tiefgreifenden Wandel, der das Verständnis von Wissen und Wahrheit revolutionierte.

In dieser neuen Ära trat der Besserwisser aus dem Schatten der Kirche heraus und wurde zu einer Figur, die sowohl Respekt als auch Widerstand hervorrief. Die Dynamik zwischen Wissen und Ignoranz, zwischen Autorität und Herausforderung, bleibt ein zentrales Thema in der modernen Gesellschaft und spiegelt die anhaltenden Spannungen wider, die mit der Suche nach Wahrheit und Erkenntnis verbunden sind.

Besserwissen und Autorität

Die Entwicklung von Hierarchien und Autoritäten

Die Geschichte der Menschheit ist auch eine Geschichte von Hierarchien und Autoritäten. Schon in den frühesten Gesellschaften gab es Strukturen, die festlegten, wer das Sagen hatte und wer folgen musste. Diese Strukturen halfen dabei, Ordnung zu schaffen, Konflikte zu lösen und das Überleben der Gemeinschaft zu sichern. Im Laufe der Jahrhunderte entwickelten sich diese Hierarchien weiter und wurden komplexer, geprägt von kulturellen, religiösen und politischen Einflüssen.

In Stammesgesellschaften basierte Autorität häufig auf Alter und Erfahrung. Die Ältesten wurden respektiert und als weise Ratgeber angesehen, deren Wissen und Urteil man vertraute. Diese Form der Autorität war oft informell und basierte auf persönlicher Anerkennung und dem sozialen Gefüge der Gemeinschaft.

Mit der Entstehung von Königreichen und Imperien wurde Autorität zunehmend formell und institutionalisiert. Könige und Kaiser regierten mit absoluter Macht, oft legitimiert durch religiöse Überzeugungen wie das göttliche Recht der Könige. Hierarchien waren klar definiert: An der Spitze stand der Herrscher, gefolgt von Adeligen, Priestern und dem einfachen Volk. Wissen und Bildung waren privilegierten Schichten vorbehalten, und die Kirche spielte eine zentrale Rolle in der Verwaltung und Verbreitung von Wissen.

Die Autorität der Kirche wurde durch das Monopol auf Bildung und die Kontrolle über schriftliche Aufzeichnungen verstärkt. Kleriker und Gelehrte, die oft auch Priester waren, galten als berufsmäßige Besserwisser. Ihre Stellung innerhalb der kirchlichen Hierarchie und ihre Rolle als Vermittler von göttlichem Wissen verliehen ihnen eine unangefochtene Autorität.

Unterschiede zwischen berufsmäßigen und nicht berufsmäßigen Besserwissern

Mit der Aufklärung und der Säkularisierung verschob sich das Bild von Autorität und Wissen. Die Trennung von Kirche und Staat und die zunehmende Bedeutung der Wissenschaft führten zu einer Pluralität von Wissensträgern und einer Demokratisierung des Wissens. Diese Entwicklungen brachten eine neue Kategorie von Besserwissern hervor: den nicht berufsmäßigen Besserwisser.

Berufsmäßige Besserwisser:

Berufsmäßige Besserwisser sind Personen, deren berufliche Stellung oder Ausbildung ihnen eine besondere Autorität in ihrem Fachgebiet verleiht. Sie verfügen über formale Qualifikationen und haben oft eine institutionelle Rückendeckung. Beispiele hierfür sind Lehrer, Professoren, Ärzte, Anwälte und Wissenschaftler. Ihre Rolle ist es, Wissen weiterzugeben, zu lehren und zu beraten. Ihre Autorität wird weitgehend anerkannt und respektiert, da sie auf fundiertem Wissen und formaler Ausbildung basiert.

Ein Lehrer beispielsweise hat die Aufgabe, Schüler zu unterrichten und zu korrigieren. Seine Korrekturen und Ratschläge werden meist als Teil des Bildungsprozesses akzeptiert. Ähnlich verhält es sich mit Ärzten, deren medizinische Expertise und Ratschläge im Allgemeinen nicht in Frage gestellt werden. Berufsmäßige Besserwisser haben den Vorteil, dass ihre Position durch gesellschaftliche Normen und institutionelle Strukturen gestützt wird.

Nicht berufsmäßige Besserwisser:

Nicht berufsmäßige Besserwisser hingegen sind Personen, die sich außerhalb eines formalen Rahmens Wissen angeeignet haben und dieses Wissen oft ungefragt teilen. Diese Besserwisser werden oft als störend oder arrogant wahrgenommen, da ihre Korrekturen und Ratschläge nicht immer willkommen sind und ihre Autorität nicht durch formale Qualifikationen gestützt wird.

In sozialen Interaktionen können nicht berufsmäßige Besserwisser schnell auf Widerstand stoßen. Wenn zum Beispiel ein Kollege im Büro ständig die Arbeit anderer korrigiert, ohne dafür verantwortlich zu sein, oder wenn ein Freund bei einem Gespräch immer wieder Fakten richtigstellt, kann dies als anmaßend empfunden werden. Die Reaktion auf solche Korrekturen hängt stark von der sozialen Dynamik und den individuellen Persönlichkeiten ab.

Der Unterschied zwischen diesen beiden Arten von Besserwissern liegt also nicht nur im Wissen selbst, sondern auch in der sozialen Akzeptanz und dem Kontext, in dem das Wissen präsentiert wird. Berufsmäßige Besserwisser handeln innerhalb eines klar definierten Rahmens und haben oft eine legitime Autorität. Nicht berufsmäßige Besserwisser hingegen agieren außerhalb solcher Rahmen und müssen sich ihre Autorität in jeder Situation neu erkämpfen.

Die moderne Gesellschaft und der Besserwisser

In der heutigen, hochvernetzten und informationsreichen Gesellschaft hat sich das Phänomen des Besserwissers weiterentwickelt. Das Internet und soziale Medien haben den Zugang zu Informationen demokratisiert, was dazu führt, dass jeder mit einem Internetanschluss theoretisch zum Besserwisser werden kann. Diese Entwicklung hat die Linie zwischen berufsmäßigen und nicht berufsmäßigen Besserwissern weiter verwischt.

Plattformen wie Wikipedia, Blogs und Foren ermöglichen es Laien, ihr Wissen zu teilen und zu verbreiten. Dies hat sowohl positive als auch negative Aspekte. Auf der einen Seite trägt es zur Verbreitung von Wissen bei und ermöglicht einen breiteren Zugang zu Informationen. Auf der anderen Seite führt es auch zu einer Flut von Halbwahrheiten und ungenauen Informationen, die das Phänomen des ›Internet-Besserwissers‹ fördern.

Dieser neue Typ des Besserwissers agiert in einem Umfeld, in dem die traditionelle Autorität von Experten häufig in Frage gestellt wird. Während früher ein wissenschaftlicher Artikel oder ein Lehrbuch als unantastbare Quelle galt, wird heute jede Information online auf ihre Richtigkeit überprüft und oft kontrovers diskutiert. Die Herausforderung besteht darin, zwischen fundiertem Wissen und Meinungen zu unterscheiden und die Rolle des Besserwissers in diesem digitalen Zeitalter zu verstehen und zu bewerten.

Fazit:

Die Entwicklung von Hierarchien und Autoritäten hat die Rolle des Besserwissers im Laufe der Geschichte stark beeinflusst. Während berufsmäßige Besserwisser durch ihre formale Stellung und Ausbildung eine anerkannte Autorität genießen, stehen nicht berufsmäßige Besserwisser oft vor der Herausforderung, ihre Korrekturen und Ratschläge in sozialen Kontexten zu rechtfertigen. In der modernen, digitalen Gesellschaft verschwimmen diese Grenzen zunehmend, und der Umgang mit Wissen und Wahrheit wird komplexer. Es bleibt eine zentrale Aufgabe, diese Dynamiken zu verstehen und einen konstruktiven Umgang mit dem Phänomen des Besserwissers zu finden.

Der Besserwisser im Zeitalter
der Industrialisierung

Auswirkungen der Industrialisierung auf Bildung und Wissen

Die Industrialisierung markiert einen bedeutenden Wendepunkt in der Geschichte der Menschheit. Mit der Einführung von Maschinen und der Entstehung von Fabriken änderte sich nicht nur die Wirtschaft, sondern auch die gesellschaftlichen Strukturen und die Art und Weise, wie Wissen und Bildung vermittelt wurden. Vor der Industrialisierung war Bildung hauptsächlich privilegierten Schichten vorbehalten. Bildungseinrichtungen, insbesondere Universitäten, standen in engem Zusammenhang mit der Kirche und boten nur einem kleinen Teil der Bevölkerung Zugang zu höherem Wissen.

Mit der Industrialisierung jedoch wurde klar, dass eine gebildete Arbeiterschaft notwendig war, um den Anforderungen der neuen industriellen Arbeitswelt gerecht zu werden. Die wachsende Nachfrage nach technischen Fähigkeiten und Fachwissen führte zur Gründung zahlreicher Schulen und Ausbildungseinrichtungen. Bildung wurde zunehmend als Mittel zur Verbesserung des eigenen Lebens und zur Erreichung eines höheren sozialen Status betrachtet.

Diese Entwicklung führte zu einem breiteren Zugang zu Bildung und Wissen. Der traditionelle Bildungsweg, der stark von den Eliten und der Kirche kontrolliert wurde, begann sich zu öffnen. Die Massenbildung ermöglichte es einem größeren Teil der Bevölkerung, sich Wissen anzueignen und sich weiterzubilden. Dies führte zu einer Demokratisierung des Wissens und legte den Grundstein für die moderne Gesellschaft, in der Bildung als fundamentales Menschenrecht anerkannt wird.

Der Wandel in der gesellschaftlichen Wahrnehmung von Korrektur und Belehrung

Mit der Ausweitung des Zugangs zu Bildung und Wissen änderte sich auch die gesellschaftliche Wahrnehmung von Korrektur und Belehrung. Vor der Industrialisierung war die Autorität der Lehrer und Gelehrten unangefochten. Ihre Korrekturen und Belehrungen wurden als notwendiger Teil des Lernprozesses angesehen und kaum hinterfragt. Die Industrialisierung brachte jedoch eine neue Dynamik mit sich.

In den Fabriken und Werkstätten der industriellen Revolution entstand eine neue Klasse von berufsmäßigen Besserwissern: die Ingenieure, Vorarbeiter und Techniker. Diese Experten verfügten über spezielles technisches Wissen und praktische Fähigkeiten, die für den reibungslosen Ablauf der industriellen Produktion unerlässlich waren. Ihre Anweisungen und Korrekturen waren notwendig, um Effizienz und Produktivität zu gewährleisten. In diesem Kontext wurde Korrektur nicht nur akzeptiert, sondern als essentiell angesehen.

Doch auch in dieser neuen industriellen Gesellschaft gab es Spannungen. Während berufsmäßige Besserwisser aufgrund ihrer Fachkenntnisse respektiert wurden, wurden nicht berufsmäßige Besserwisser oft als störend empfunden. In einer Arbeitsumgebung, die auf Effizienz und Produktivität ausgerichtet war, wurde jede Form von ungefragter Belehrung als Zeitverschwendung und potenziell störend betrachtet.

Gleichzeitig veränderte sich auch das Bildungssystem. Die Einführung allgemeiner Schulpflicht und die Gründung zahlreicher Bildungseinrichtungen führten zu einem breiteren Zugang zu Wissen und Bildung. Lehrer und Erzieher wurden zu den neuen berufsmäßigen Besserwissern, deren Aufgabe es war, Wissen zu vermitteln und zu korrigieren. Ihre Rolle war klar definiert und ihre Autorität weitgehend anerkannt.

Die zunehmende Verfügbarkeit von gedrucktem Material, wie Lehrbüchern und wissenschaftlichen Abhandlungen, führte dazu, dass Wissen standardisiert und leichter zugänglich wurde. Dies hatte jedoch auch zur Folge, dass individuelle Korrekturen und Belehrungen zunehmend auf ihre Richtigkeit und Relevanz geprüft wurden. Der Besserwisser im traditionellen Sinne sah sich einer neuen Herausforderung gegenüber: der Notwendigkeit, seine Korrekturen und Belehrungen in einem zunehmend informierten und kritischen Umfeld zu rechtfertigen.

Der Besserwisser in der Gesellschaft

Die Industrialisierung brachte eine Verschiebung in der Wahrnehmung von Wissen und Autorität mit sich. In der vorindustriellen Gesellschaft war Wissen oft in den Händen weniger Privilegierter konzentriert, und ihre Korrekturen und Belehrungen wurden weitgehend akzeptiert. Mit der Industrialisierung und der Verbreitung von Bildung wurde Wissen jedoch demokratisiert, was zu einer Veränderung in der Art und Weise führte, wie Korrekturen und Belehrungen wahrgenommen wurden.

Berufsmäßige Besserwisser, wie Lehrer und Techniker, hatten weiterhin eine anerkannte Autorität. Ihre Korrekturen wurden als notwendig und hilfreich angesehen. Nicht berufsmäßige Besserwisser hingegen mussten sich in einem neuen, kritischen Umfeld behaupten. Ihre Belehrungen wurden oft als anmaßend und störend empfunden, besonders in einer Gesellschaft, die zunehmend Wert auf individuelle Meinungen und Selbstbestimmung legte.

Ein interessantes Beispiel aus dieser Zeit ist die Figur des ›Gentleman-Wissenschaftlers‹, der im 19. Jahrhundert in Großbritannien aufkam. Diese Männer, oft wohlhabend und gut vernetzt, widmeten sich der Wissenschaft als Hobby und trugen bedeutend zur Wissensproduktion bei. Sie wurden respektiert und ihre Beiträge geschätzt, da sie oft bahnbrechende Entdeckungen machten. Doch auch sie mussten ihre Autorität durch fundierte Kenntnisse und praktische Erfolge rechtfertigen.

Fazit:

Die Industrialisierung hatte tiefgreifende Auswirkungen auf die gesellschaftliche Wahrnehmung von Wissen und Autorität. Während berufsmäßige Besserwisser ihre anerkannte Stellung weitgehend behielten, sahen sich nicht berufsmäßige Besserwisser neuen Herausforderungen gegenüber. Die Demokratisierung des Wissens und der breitere Zugang zu Bildung führten zu einer kritischeren Haltung gegenüber Korrekturen und Belehrungen.

In dieser neuen, industriell geprägten Gesellschaft mussten Besserwisser ihre Autorität zunehmend durch fundiertes Wissen und praktische Relevanz unter Beweis stellen. Die Veränderungen, die die Industrialisierung mit sich brachte, legten den Grundstein für die moderne Wahrnehmung von Korrektur und Belehrung und beeinflussten nachhaltig die Rolle des Besserwissers in der Gesellschaft.

Teil 2:

Psychologische und Emotionale Aspekte

Die Psychologie der Korrektur - Emotionale Reaktionen auf Korrekturen

Korrekturen sind ein wesentlicher Bestandteil des Lernprozesses und der Kommunikation. Sie helfen uns, Fehler zu erkennen und unser Wissen zu erweitern. Doch die Art und Weise, wie Menschen auf Korrekturen reagieren, kann stark variieren und ist tief in der Psychologie verwurzelt. Die emotionalen Reaktionen auf Korrekturen können Stolz, Demütigung, Verteidigung und Akzeptanz umfassen und spielen eine entscheidende Rolle bei der Art und Weise, wie Wissen aufgenommen und integriert wird.

Stolz und seine Fallstricke

Stolz ist ein mächtiges Gefühl, das unser Selbstwertgefühl und unsere Identität stärkt. Er gibt uns das Gefühl von Errungenschaft und Kompetenz. Doch wenn unser Stolz auf Wissen und Fähigkeiten basiert, kann eine Korrektur als Bedrohung empfunden werden. Wenn jemand unsere Fehler aufzeigt, fühlt es sich an, als würde unsere Kompetenz infrage gestellt werden, was unseren Stolz verletzt.

Ein Beispiel aus dem täglichen Leben könnte eine berufliche Situation sein, in der ein erfahrener Mitarbeiter von einem jüngeren Kollegen korrigiert wird. Der ältere Mitarbeiter, stolz auf seine jahrelange Erfahrung, könnte die Korrektur als Affront empfinden, was zu einer defensiven Reaktion führt. Diese Abwehrhaltung kann dazu führen, dass wertvolle Informationen abgelehnt werden, nur um den Stolz zu schützen.

Demütigung und ihre Auswirkungen

Während Stolz uns auf unsere Stärken konzentrieren lässt, kann Demütigung das genaue Gegenteil bewirken. Eine Korrektur, besonders wenn sie öffentlich oder in einem herablassenden Ton erfolgt, kann das Gefühl der Scham und Erniedrigung auslösen. Demütigung kann tiefgreifende emotionale Wunden hinterlassen und das Vertrauen in die eigene Fähigkeit untergraben.

Ein klassisches Beispiel findet sich in schulischen Umgebungen. Ein Schüler, der vor der Klasse korrigiert und dabei bloßgestellt wird, könnte Scham und Demütigung empfinden. Diese negativen Gefühle können zu einer Abneigung gegenüber dem Lernstoff führen und die Bereitschaft, sich zu verbessern, erheblich mindern. Der Schüler könnte sich zurückziehen und jegliche weitere Kritik vermeiden, was langfristig zu einem verminderten Lernerfolg führt.

Akzeptanz und Lernbereitschaft

Auf der anderen Seite steht die Akzeptanz, die das Tor zu echtem Lernen und persönlichem Wachstum öffnet. Menschen, die Korrekturen als Möglichkeit zur Verbesserung sehen, neigen dazu, konstruktive Kritik anzunehmen und daraus zu lernen. Diese positive Einstellung gegenüber Korrekturen hängt oft mit einem starken Selbstwertgefühl und einer offenen Geisteshaltung zusammen.

Ein gutes Beispiel hierfür sind professionelle Athleten. Diese Menschen sind es gewohnt, ständig korrigiert zu werden, sei es durch Trainer, Mitspieler oder durch ihre eigene Analyse. Ihre Bereitschaft, Korrekturen anzunehmen und daran zu arbeiten, ist ein wesentlicher Faktor für ihren Erfolg. Die Akzeptanz von Kritik als notwendiges Mittel zur Verbesserung zeigt, wie tief die Psychologie der Korrektur mit persönlichem und beruflichem Wachstum verbunden ist.

Die Rolle von Empathie und Kommunikation

Die Art und Weise, wie Korrekturen gegeben und empfangen werden, spielt eine entscheidende Rolle bei den emotionalen Reaktionen darauf. Empathie und respektvolle Kommunikation können den Unterschied zwischen einer demütigenden und einer konstruktiven Erfahrung ausmachen. Korrekturen, die mit Verständnis und Rücksicht gegeben werden, können die Akzeptanz fördern und negative emotionale Reaktionen minimieren.

Ein Beispiel könnte ein Vorgesetzter sein, der einen Mitarbeiter korrigiert. Wenn der Vorgesetzte die Korrektur mit Empathie und einer positiven Absicht vermittelt, wird der Mitarbeiter wahrscheinlich offener für die Kritik sein und sie als Gelegenheit zur Verbesserung sehen. Die emotionale Intelligenz des Korrektors spielt eine entscheidende Rolle in diesem Prozess.

Stolz, Demütigung und die Akzeptanz von Wissen

In der modernen Gesellschaft, in der Wissen und Informationen ständig im Fluss sind, ist die Fähigkeit, Korrekturen anzunehmen und daraus zu lernen, von unschätzbarem Wert. Doch die psychologischen Barrieren, die Stolz und Demütigung darstellen, können diesen Prozess erschweren. Es erfordert ein hohes Maß an Selbstbewusstsein und emotionale Intelligenz, um Korrekturen als das zu sehen, was sie wirklich sind: Möglichkeiten zur Verbesserung und zum Wachstum.

Um die Akzeptanz von Wissen zu fördern, müssen wir uns dieser emotionalen Dynamiken bewusst sein. Bildungseinrichtungen und Arbeitsumgebungen können davon profitieren, wenn sie eine Kultur der offenen und respektvollen Kommunikation fördern. Indem wir die emotionalen Reaktionen auf Korrekturen verstehen und adressieren, können wir die Hindernisse für effektives Lernen und Wissenstransfer abbauen.

Insgesamt zeigt die Psychologie der Korrektur, wie tief verwurzelt unsere emotionalen Reaktionen auf Fehler und Kritik sind. Sie erinnert uns daran, dass das Streben nach Wissen nicht nur ein intellektueller, sondern auch ein emotionaler Prozess ist. Die Art und Weise, wie wir mit Korrekturen umgehen, spiegelt nicht nur unsere Lernbereitschaft wider, sondern auch unsere Fähigkeit, mit unseren eigenen Emotionen und denen anderer umzugehen. In dieser Erkenntnis liegt der Schlüssel zu einer tieferen und erfüllenderen Auseinandersetzung mit Wissen und Lernen.

Innere Stimme und Selbstwahrnehmung

Die Überzeugung, ab einem bestimmten Alter nicht mehr korrigiert werden zu müssen

Im Laufe des Lebens entwickeln Menschen eine innere Stimme, die ihr Selbstbild und ihre Handlungen stark beeinflusst. Diese innere Stimme ist ein ständiger Begleiter, der oft von frühen Erfahrungen, kulturellen Normen und sozialen Interaktionen geprägt wird. Besonders im Erwachsenenalter, nach Jahren des Lernens und der beruflichen Erfahrungen, kann sich eine Überzeugung manifestieren: die Überzeugung, dass man ab einem bestimmten Alter nicht mehr korrigiert werden muss oder sollte.

Diese innere Überzeugung kann tief verwurzelt und schwer zu überwinden sein. Sie basiert auf dem Glauben, dass Lebenserfahrung und gesammeltes Wissen eine gewisse Unantastbarkeit verleihen. Die Annahme, dass man ›alles schon gesehen hat‹ und ›alles weiß, was man wissen muss‹, führt oft zu einer Ablehnung von Korrekturen und einer Abwehrhaltung gegenüber neuen Informationen.

Ein Beispiel aus dem täglichen Leben könnte ein älterer Mitarbeiter in einem Unternehmen sein, der seit Jahrzehnten in seiner Position arbeitet. Dieser Mitarbeiter könnte sich gegen neue Methoden oder Technologien wehren, da er glaubt, dass seine langjährige Erfahrung ihn vor Fehlern bewahrt. Diese Haltung kann jedoch nicht nur den eigenen Lernprozess blockieren, sondern auch die Innovationskraft des Unternehmens hemmen.

Die Rolle der Selbstwahrnehmung

Selbstwahrnehmung spielt eine entscheidende Rolle bei der Art und Weise, wie wir Korrekturen und neues Wissen aufnehmen. Ein gesundes Selbstbewusstsein ermöglicht es uns, Korrekturen nicht als Bedrohung, sondern als Gelegenheit zur Verbesserung zu sehen. Doch oft ist das Selbstbild starr und von Stolz durchdrungen, was zu einer Verzerrung der Selbstwahrnehmung führen kann.

Wenn Menschen sich selbst als unfehlbar oder überkritisch betrachten, können sie Korrekturen als persönliche Angriffe interpretieren. Diese verzerrte Selbstwahrnehmung macht es schwer, objektiv zu bleiben und konstruktive Kritik anzunehmen. Es ist daher wichtig, die eigene Selbstwahrnehmung regelmäßig zu hinterfragen und anzupassen, um offen für Korrekturen und neues Wissen zu bleiben.

Strategien zur Überwindung der inneren Überzeugung

Die Überwindung der Überzeugung, nicht mehr korrigiert werden zu müssen, erfordert bewusste Anstrengung und strategische Ansätze. Hier sind einige erzählerische Ansätze, um diese Überzeugung zu überwinden und eine offenere Haltung gegenüber Korrekturen zu entwickeln:

Selbstreflexion und Achtsamkeit: Ein erster Schritt ist die bewusste Selbstreflexion. Indem wir uns selbst und unsere Reaktionen auf Korrekturen beobachten, können wir Muster erkennen und verstehen, warum wir auf bestimmte Weise reagieren. Achtsamkeit hilft dabei, im Moment präsent zu sein und emotionale Reaktionen zu erkennen, bevor sie sich manifestieren.

Ein praktisches Beispiel wäre das Führen eines Tagebuchs, in dem man Situationen notiert, in denen man korrigiert wurde und wie man darauf reagiert hat. Durch regelmäßiges Reflektieren kann man ein tieferes Verständnis für die eigenen Muster und Überzeugungen entwickeln.

Offene Kommunikation und Feedback-Kultur: Eine offene Kommunikationskultur, in der Feedback und Korrekturen als natürlicher Teil des Lernprozesses betrachtet werden, kann helfen, die innere Abwehrhaltung zu überwinden. Wenn Korrekturen in einem unterstützenden und respektvollen Umfeld gegeben werden, fällt es leichter, sie anzunehmen.

Ein Beispiel aus der Praxis könnte ein Teammeeting sein, in dem Feedback-Runden etabliert werden. Hier kann jeder Teilnehmer konstruktives Feedback geben und erhalten, was die Akzeptanz von Korrekturen fördert und eine Kultur des kontinuierlichen Lernens schafft.

Persönliche Geschichten und Vorbilder: Persönliche Geschichten und Vorbilder können inspirieren und zeigen, dass

Korrekturen und Lernprozesse ein lebenslanger Weg sind. Geschichten von Menschen, die trotz ihrer Erfahrung und ihres Alters offen für neues Wissen geblieben sind, können motivieren und den eigenen Veränderungsprozess unterstützen.

Ein Beispiel könnte die Geschichte eines renommierten Wissenschaftlers sein, der trotz seines hohen Alters und seiner zahlreichen Errungenschaften weiterhin neugierig bleibt und regelmäßig neue Felder erforscht. Solche Vorbilder zeigen, dass wahre Weisheit in der Bereitschaft liegt, stets zu lernen und sich zu verbessern.

Mentorship und Peer Learning: Das Lernen von Gleichgesinnten und Mentoren kann ebenfalls helfen, die innere Überzeugung zu überwinden. Durch den Austausch mit anderen, die ähnliche Erfahrungen gemacht haben, können neue Perspektiven und Ansätze entwickelt werden.

Ein Beispiel könnte ein Mentorship-Programm in einem Unternehmen sein, bei dem erfahrene Mitarbeiter von jüngeren Kollegen lernen und umgekehrt. Diese wechselseitige Lernbeziehung fördert Offenheit und reduziert die Abwehrhaltung gegenüber Korrekturen.

Die Reise zur Offenheit

Die Überzeugung, ab einem bestimmten Alter nicht mehr korrigiert werden zu müssen, ist tief in unserer psychologischen und sozialen Struktur verankert. Doch durch bewusste Selbstreflexion, offene Kommunikation, inspirierende Vorbilder und unterstützende Lernumgebungen können wir diese Überzeugung überwinden.

Die Reise zur Offenheit gegenüber Korrekturen ist eine kontinuierliche Entwicklung, die uns nicht nur hilft, unser Wissen zu erweitern, sondern auch unsere persönliche und berufliche Reife fördert. Indem wir lernen, Korrekturen als Chancen zur Verbesserung zu sehen, können wir unser Selbstbild erweitern und unser Potenzial voll ausschöpfen.

Respekt und Disziplin

Die Bedeutung von Respekt und Disziplin in der Kommunikation von Korrekturen

Respekt und Disziplin sind zwei grundlegende Säulen, die die Basis für eine effektive und konstruktive Kommunikation bilden. Dies gilt insbesondere, wenn es darum geht, Korrekturen anzubringen. In einer Welt, in der Wissen ständig wächst und sich verändert, ist die Art und Weise, wie wir Fehler ansprechen und korrigieren, von entscheidender Bedeutung für den sozialen Zusammenhalt und den individuellen Lernprozess.

Respekt bedeutet, den anderen als gleichwertig anzuerkennen, unabhängig von seiner Position, seinem Wissen oder seinen Fehlern. Es geht darum, die Würde des anderen zu wahren und seine Perspektive ernst zu nehmen. Disziplin wiederum bedeutet, sich selbst zu kontrollieren, auch wenn man in der Position der Wissenden oder Korrigierenden ist. Es bedeutet, seine Worte sorgfältig zu wählen und sich der Wirkung bewusst zu sein, die diese Worte haben können.

In der Praxis zeigt sich der Mangel an Respekt und Disziplin oft in belehrenden oder herablassenden Tönen, die bei demjenigen, der korrigiert wird, Abwehr und Widerstand hervorrufen können. Statt einer konstruktiven Verbesserung wird die Korrektur als Angriff auf die eigene Person empfunden. Dies führt nicht nur zu Spannungen, sondern behindert auch den eigentlichen Lernprozess.

Ein Beispiel aus dem Alltag illustriert dies gut: Stellen Sie sich vor, ein erfahrener Mitarbeiter in einem Unternehmen korrigiert einen neuen Kollegen auf eine herablassende Art und Weise. Der neue Kollege fühlt sich gedemütigt und ist weniger geneigt, den Rat anzunehmen, selbst wenn er sachlich korrekt ist. Ein respektvoller und disziplinierter Ansatz würde hingegen die Akzeptanz erhöhen und eine positive Lernumgebung schaffen.

Praktische Ansätze für respektvolle Korrekturen

Die Kommunikation von Korrekturen erfordert Fingerspitzengefühl und die Bereitschaft, sich in die Lage des anderen zu versetzen. Hier einige praktische Ansätze, um Korrekturen respektvoll und diszipliniert zu kommunizieren:

Empathie zeigen: Sich in die Lage des anderen zu versetzen und dessen Perspektive zu verstehen, ist ein erster Schritt zu respektvoller Kommunikation. Dies bedeutet, die Gefühle und möglichen Unsicherheiten des Gegenübers zu erkennen und zu berücksichtigen.

Ein praktisches Beispiel könnte ein Lehrer sein, der einen Schüler korrigiert. Statt den Fehler direkt und unverblümt zu benennen, könnte der Lehrer zunächst auf die positiven Aspekte der Arbeit eingehen und den Fehler dann als Teil des Lernprozesses darstellen. Dies zeigt Empathie und Verständnis für die Bemühungen des Schülers.

Konstruktives Feedback geben:

Korrekturen sollten stets konstruktiv sein. Das bedeutet, nicht nur den Fehler aufzuzeigen, sondern auch Hinweise zur Verbesserung zu geben. Dies fördert ein positives Lernumfeld und ermutigt zur Weiterentwicklung.

Ein Beispiel aus dem beruflichen Umfeld könnte ein Teamleiter sein, der einen Mitarbeiter für einen Fehler in einem Projektbericht korrigiert. Statt nur den Fehler zu benennen, könnte der Teamleiter konkrete Vorschläge machen, wie der Bericht verbessert werden kann, und seine Unterstützung anbieten.

Positive Sprache verwenden:

Die Wahl der Worte ist entscheidend. Positive und ermutigende Sprache kann dazu beitragen, dass Korrekturen als Unterstützung und nicht als Kritik empfunden werden.

Ein Beispiel könnte ein Kollege sein, der einen anderen für einen Fehler in einer Präsentation korrigiert. Statt zu sagen: »Das ist falsch«, könnte der Kollege sagen: »Ich denke, wir könnten das noch klarer darstellen, vielleicht so …«. Diese Formulierung zeigt Respekt und Offenheit für Verbesserung.

Zeitpunkt und Kontext beachten:

Der Zeitpunkt und der Kontext, in dem eine Korrektur angebracht wird, sind ebenfalls wichtig. Korrekturen sollten in einem passenden Rahmen und nicht vor einer großen Gruppe erfolgen, um unnötige Bloßstellung zu vermeiden.

Ein Beispiel könnte ein Manager sein, der einen Mitarbeiter korrigieren muss. Statt dies in einer großen Besprechung zu tun, könnte der Manager das Gespräch in einem privaten Rahmen führen. Dies bewahrt die Würde des Mitarbeiters und zeigt Respekt für seine Person.

Selbstreflexion: Schließlich ist es wichtig, sich selbst zu reflektieren und die eigenen Motive und Gefühle zu hinterfragen. Warum ist es wichtig, diese Korrektur anzubringen? Wie würde ich mich fühlen, wenn ich korrigiert würde? Diese Reflexion kann helfen, die eigene Herangehensweise zu verfeinern und respektvoller zu gestalten.

Die Kraft der respektvollen Korrektur

Respekt und Disziplin in der Kommunikation von Korrekturen sind nicht nur ethisch geboten, sondern auch praktisch äußerst effektiv. Sie schaffen eine Atmosphäre des Vertrauens und der Offenheit, in der Menschen bereit sind zu lernen und sich weiterzuentwickeln.

Durch den Einsatz von Empathie, konstruktivem Feedback, positiver Sprache, der Beachtung des richtigen Zeitpunkts und

Kontextes sowie durch Selbstreflexion können wir die Art und Weise, wie wir Korrekturen kommunizieren, grundlegend verbessern. Dies fördert nicht nur individuelles Wachstum, sondern stärkt auch den sozialen Zusammenhalt und die gemeinschaftliche Entwicklung.

Respektvolle Korrekturen sind ein Ausdruck von Wertschätzung und Anerkennung der gemeinsamen menschlichen Erfahrung des Lernens. Indem wir lernen, wie man respektvoll korrigiert und selbst respektvoll korrigiert wird, tragen wir zu einer Kultur des Miteinanders bei, in der Wissen nicht als Machtinstrument, sondern als Mittel zur gemeinsamen Verbesserung und Erleuchtung verstanden wird.

Teil 3:

Gesellschaftliche und

kulturelle Perspektiven

Kulturelle Unterschiede im Umgang mit Wissen - Vergleich verschiedener Kulturen und deren Umgang mit Besserwisserei

Der Umgang mit Wissen und Korrektur ist tief in den kulturellen Normen und Werten einer Gesellschaft verwurzelt. Während einige Kulturen den Austausch von Wissen und Korrekturen als wesentlichen Bestandteil des sozialen und beruflichen Lebens betrachten, empfinden andere diesen Austausch als potenziell konfliktgeladen und problematisch. Diese Unterschiede spiegeln sich insbesondere in den verschiedenen Ansätzen wider, die kollektivistische und individualistische Gesellschaften im Umgang mit Besserwisserei verfolgen.

Kollektivistische Gesellschaften:

Wissen als Gemeinschaftsgut

In kollektivistischen Kulturen, wie sie häufig in Asien, Afrika und Südamerika zu finden sind, wird das Wohl der Gemeinschaft über das des Einzelnen gestellt. Wissen und Weisheit werden als gemeinschaftliche Ressourcen betrachtet, die zum Nutzen aller geteilt werden sollten. In diesen Gesellschaften wird Besserwisserei oft als eine Form des Dienstes an der Gemeinschaft angesehen, wobei Korrekturen und Ratschläge als Mittel zur Stärkung des kollektiven Wissens und der sozialen Harmonie betrachtet werden.

Ein Beispiel für diese Herangehensweise findet sich in Japan. In der japanischen Kultur ist die Vermittlung von Wissen durch ältere oder erfahrenere Mitglieder der Gemeinschaft ein tief verwurzelter Wert. Lehrer und Älteste werden respektiert und ihre Korrekturen werden als Zeichen der Fürsorge und des Interesses an der Entwicklung des Einzelnen betrachtet. Die japanische Praxis des ›Oshie‹ – das Teilen von Wissen und Weisheit – betont, dass Korrekturen und Ratschläge immer im Kontext der Beziehung und des gegenseitigen Respekts gegeben werden.

In China wiederum zeigt sich die Bedeutung von kollektivistischem Wissenstransfer im Konfuzianismus, der den Respekt vor Älteren und Vorgesetzten betont. Korrekturen von höhergestellten Personen werden oft als notwendige Anleitung zur Verbesserung und zum Wohl der Gruppe angesehen. Die gesellschaftliche Hierarchie spielt hier eine wichtige Rolle, und die Akzeptanz von Korrekturen ist ein Zeichen von Demut und Lernbereitschaft.

Individualistische Gesellschaften: Wissen als persönlicher Besitz

Im Gegensatz dazu legen individualistische Kulturen, die häufig in westlichen Ländern wie den USA, Kanada und Teilen Europas zu finden sind, großen Wert auf die Autonomie und Unabhängigkeit des Einzelnen. Wissen wird oft als persönliches Eigentum betrachtet, und der Austausch von Korrekturen kann leicht als Eingriff in die persönliche Souveränität empfunden werden. In diesen Gesellschaften wird Besserwisserei häufig negativ konnotiert, da sie als eine Form der Überheblichkeit oder Einmischung wahrgenommen wird.

In den Vereinigten Staaten beispielsweise wird Selbstständigkeit und persönliche Freiheit hoch geschätzt. Menschen legen großen Wert darauf, ihre eigenen Entscheidungen zu treffen und aus ihren eigenen Erfahrungen zu lernen. Korrekturen und Belehrungen von außen können daher schnell als Kritik oder Bevormundung empfunden werden. Diese Einstellung spiegelt sich auch in der Arbeitswelt wider, wo flache Hierarchien und Peer-to-Peer-Interaktionen bevorzugt werden. Korrekturen werden oft in indirekter und diplomatischer Weise vermittelt, um die Autonomie und das Selbstwertgefühl des Einzelnen zu wahren.

In Deutschland hingegen, einer Kultur, die oft als individualistisch und gleichzeitig strukturiert angesehen wird, spielt die Genauigkeit und Präzision eine große Rolle. Besserwisserei wird hier in technischen und wissenschaftlichen Kontexten oft als notwendig und wertvoll angesehen, da sie zur Verbesserung und Perfektionierung von Prozessen beiträgt. Doch auch hier kann die Art und Weise, wie Korrekturen vermittelt werden, zu Spannungen führen, insbesondere wenn sie als arrogant oder unhöflich empfunden werden.

Beispiele und Anekdoten

Ein anschauliches Beispiel für den kulturellen Umgang mit Besserwisserei kann in der Geschichte der interkulturellen Zusammenarbeit gefunden werden. In einem globalen Unternehmen, das Teams aus verschiedenen Ländern und Kulturen umfasst, können Unterschiede im Umgang mit Korrekturen zu Missverständnissen führen. Ein amerikanischer Manager könnte beispielsweise eine direkte Korrektur als effizient und hilfreich betrachten, während ein japanischer Kollege dies als unangemessen und respektlos empfindet.

Ein weiteres Beispiel findet sich im Bildungswesen. In finnischen Schulen, die oft als Modell für individualistische, aber dennoch kooperative Lernumgebungen gelten, wird Wert auf selbstgesteuertes Lernen gelegt. Lehrer fungieren mehr als Mentoren denn als Autoritäten, und Korrekturen werden in Form von Anregungen zur Selbstreflexion gegeben. Diese Methode zielt darauf ab, das Selbstbewusstsein der Schüler zu stärken und ihre Fähigkeit zur Selbstkorrektur zu fördern.

Integration der Unterschiede

Das Verständnis für die kulturellen Unterschiede im Umgang mit Wissen und Besserwisserei kann dazu beitragen, effektivere und respektvollere Kommunikationsstrategien zu entwickeln. In einer globalisierten Welt, in der Menschen aus verschiedenen kulturellen Hintergründen zusammenarbeiten, ist es wichtig, sensibel und flexibel auf unterschiedliche Erwartungen und Normen einzugehen.

Durch die Anerkennung und Wertschätzung der kollektiven Weisheit in kollektivistischen Kulturen und der individuellen Autonomie in individualistischen Kulturen können wir Wege finden, Wissen auf eine Weise zu teilen, die sowohl respektvoll als auch effektiv ist. Dies erfordert eine offene Haltung und die Bereitschaft, von anderen Kulturen zu lernen und sich anzupassen.

Fazit:

Der Umgang mit Wissen und Besserwisserei ist ein Spiegelbild der tieferen kulturellen Werte und Normen einer Gesellschaft. Kollektivistische und individualistische Kulturen bieten unterschiedliche Perspektiven und Ansätze, die jeweils ihre eigenen Vorzüge und Herausforderungen haben. Indem wir diese Unterschiede verstehen und respektieren, können wir zu einer reicheren, vielfältigeren und harmonischeren Welt beitragen, in der Wissen nicht nur geteilt, sondern auch geschätzt und gefeiert wird.

Der Besserwisser in der Popkultur

Die Figur des Besserwissers hat sich fest in die Popkultur eingewoben, von klassischen Literaturfiguren bis zu modernen TV-Serien und Filmen. Der Besserwisser ist ein Archetyp, der sowohl bewundert als auch belächelt wird, und dessen Darstellung in den Medien viel über unsere Gesellschaft und unsere Einstellung zu Wissen und Intelligenz aussagt.

Ikonische Besserwisser-Charaktere

In der Literatur findet man einen der bekanntesten Besserwisser in der Figur des Sherlock Holmes. Arthur Conan Doyles Detektiv ist nicht nur ein Meister der Deduktion, sondern auch ein unermüdlicher Korrektor der Unwissenheit seiner Mitmenschen, insbesondere seines treuen Freundes Dr. Watson. Holmes' Besserwisserei ist jedoch nie wirklich unsympathisch; vielmehr wird sie als Ausdruck seines brillanten Geistes und seiner unermüdlichen Suche nach der Wahrheit gesehen. Seine Fähigkeit, selbst die kleinsten Details zu bemerken und die komplexesten Rätsel zu lösen, hat ihn zu einer bewunderten Figur gemacht, die das Ideal des intelligenten, analytischen Geistes verkörpert.

In der modernen Popkultur ist Hermione Granger aus der ›Harry Potter‹-Reihe ein weiteres Beispiel für eine berühmte Besserwisserin. Ihre Liebe zu Büchern und ihr unerschütterlicher Glaube an Wissen und Bildung machen sie zu einer zentralen Figur in der Serie. Hermiones Besserwisserei wird oft zur Quelle von Humor und Konflikt, aber letztlich wird sie als eine Stärke dargestellt, die ihr und ihren Freunden wiederholt das Leben rettet. Ihre Charakterentwicklung zeigt, wie Besserwisserei, gepaart mit Mut und Loyalität, zu einer bewundernswerten Eigenschaft werden kann.

Ein weiteres modernes Beispiel ist Lisa Simpson aus ›The Simpsons‹. Als das intellektuelle und moralische Gewissen der Familie Simpson steht Lisa oft im Widerspruch zu den weniger reflektierten Ansichten ihrer Umgebung. Ihre Besserwisserei wird oft als nervig dargestellt, doch gleichzeitig wird sie als eine der wenigen Figuren gezeigt, die wirklich tief über die Welt nachdenken und einen starken moralischen Kompass haben. Lisas Charakter zeigt die Schwierigkeit, Wissen und Intelligenz in einer Welt zu schätzen, die oft das Gegenteil bevorzugt.

Die Ambivalenz der Figur

Die Darstellung von Besserwissern in der Popkultur ist ambivalent. Einerseits werden sie oft als nervtötend und arrogant dargestellt. Figuren wie Sheldon Cooper aus ›The Big Bang Theory‹ illustrieren diese Seite des Besserwissers. Sheldons unerschütterliche Überzeugung von seiner eigenen intellektuellen Überlegenheit führt regelmäßig zu Konflikten und Missverständnissen. Doch gleichzeitig ist Sheldon eine geliebte Figur, deren Eigenheiten und brillante Intelligenz die Zuschauer fesseln. Die Serie nutzt seine Besserwisserei als komisches Element, das gleichzeitig unterhaltsam und irritierend ist.

Andererseits zeigt die Popkultur auch die bewundernswerte Seite der Besserwisser. Ihre Hingabe an die Wahrheit und ihr unermüdliches Streben nach Wissen setzen sie oft in den Mittelpunkt von Geschichten, in denen ihre Eigenschaften am Ende als positiv und notwendig dargestellt werden. Diese ambivalente Darstellung spiegelt die gesellschaftliche Spannung wider, die zwischen dem Bedürfnis nach Wissen und der Abneigung gegen Arroganz und Überheblichkeit besteht.

Besserwisserei als komisches Element

Die Popkultur nutzt Besserwisserei oft als komisches Mittel. Charaktere, die ungefragt ihre überlegene Kenntnis demonstrieren, werden häufig zur Quelle von Humor. Diese humorvolle Darstellung basiert auf der sozialen Norm, dass man nicht immer alles besser wissen oder sagen muss, selbst wenn man es könnte. Diese Norm zu brechen, erzeugt Komik, weil sie Erwartungen und soziale Regeln unterläuft.

Einfluss auf das öffentliche Bild

Die Darstellung von Besserwissern in der Popkultur beeinflusst das öffentliche Bild dieser Figuren erheblich. Sie formt unsere Erwartungen und Reaktionen auf echte Menschen, die ähnliche Verhaltensweisen an den Tag legen. Wenn wir Figuren wie Sheldon Cooper oder Hermione Granger sehen, lernen wir, Besserwisserei in einem breiteren Kontext zu sehen – als eine Mischung aus Bewunderung und Frustration, Respekt und Spott.

Veränderung im Laufe der Zeit

Die Darstellung von Besserwissern hat sich im Laufe der Zeit verändert. Früher wurden sie oft als rein negative Figuren dargestellt, die durch ihre Überheblichkeit und Arroganz definiert waren. Heutzutage erkennen wir die Komplexität dieser Figur und sehen sowohl ihre Stärken als auch ihre Schwächen. Diese Entwicklung spiegelt eine breitere gesellschaftliche Akzeptanz und ein tieferes Verständnis der Rolle von Wissen und Intelligenz in unserem Leben wider.

Insgesamt zeigt die Figur des Besserwissers in der Popkultur, wie vielschichtig und bedeutsam diese Rolle ist. Sie fordert uns heraus, über unsere eigenen Einstellungen zu Wissen, Intelligenz und sozialem Verhalten nachzudenken. Indem wir diese Charaktere beobachten und analysieren, gewinnen wir Einblicke in die menschliche Natur und die komplexen Dynamiken, die unser Verständnis von Wissen und Autorität prägen.

Der Besserwisser im digitalen Zeitalter

Das digitale Zeitalter hat den Besserwisser neu definiert. Soziale Medien und die ständige Verfügbarkeit von Informationen haben die Dynamik des Wissensaustauschs grundlegend verändert. In einer Welt, in der Wissen buchstäblich an unseren Fingerspitzen liegt, hat der Besserwisser eine neue Bühne gefunden, um sich zu präsentieren – und das Publikum hat sich ebenfalls gewandelt.

Die Demokratisierung des Wissens

Mit dem Aufstieg des Internets wurde Wissen demokratisiert. Informationen, die einst schwer zugänglich waren, sind nun für jeden mit einer Internetverbindung verfügbar. Diese Demokratisierung hat es Menschen ermöglicht, Experten in nahezu jedem Bereich zu werden, ohne formale Ausbildung oder Zugang zu exklusiven Ressourcen. Blogs, Foren und Social-Media-Plattformen wie Twitter, Facebook und Reddit bieten eine Plattform für den Austausch von Wissen und Meinungen. Diese Entwicklung hat das Wesen des Besserwissers transformiert: Jeder kann nun Besserwisser sein, und jeder kann von einem Besserwisser korrigiert werden.

Diese neue Zugänglichkeit hat jedoch auch Schattenseiten. Die schiere Menge an verfügbaren Informationen macht es schwierig, Wahrheit von Fiktion zu unterscheiden. Falschinformationen und Fehlinformationen verbreiten sich ebenso schnell wie fundierte Fakten. In dieser Umgebung kann der Besserwisser entweder als Retter der Wahrheit oder als Verbreiter von Halbwissen wahrgenommen werden.

Soziale Medien als Bühne

Soziale Medien haben die Art und Weise, wie wir kommunizieren und interagieren, revolutioniert. Plattformen wie Twitter und Facebook haben es einfacher denn je gemacht, Meinungen und Informationen zu teilen. Doch diese Plattformen haben auch die Dynamik des Wissensaustauschs verändert. Der Besserwisser in sozialen Medien ist oft laut, öffentlich und unnachgiebig. Durch Likes, Shares und Kommentare wird die Verbreitung von Wissen – oder von vermeintlichem Wissen – beschleunigt.

Ein Beispiel hierfür ist der ›Twitter-Streit‹ (Twitter = X), bei dem Experten und Laien gleichermaßen ihre Meinungen und Fakten in Echtzeit austauschen. Diese Streits können informativ sein, aber sie können auch zu Fehlinformationen und Misstrauen führen. Der Besserwisser in diesem Kontext ist oft jemand, der versucht, seine Meinung oder sein Wissen zu behaupten, oft auf Kosten anderer.

Die Anonymität, die das Internet bietet, verstärkt diese Dynamik. Hinter einem Bildschirm fühlen sich Menschen sicherer, andere zu korrigieren oder zu belehren, ohne die sozialen Konsequenzen zu fürchten, die in persönlichen Interaktionen auftreten könnten. Dies kann sowohl zu wertvollen Wissensdiskussionen als auch zu toxischen Auseinandersetzungen führen.

Die Rolle der Algorithmen

Algorithmen spielen eine entscheidende Rolle in der Art und Weise, wie Wissen im digitalen Zeitalter verbreitet wird. Soziale Medienplattformen nutzen komplexe Algorithmen, um Inhalte zu kuratieren und Nutzern vorzuschlagen. Diese Algorithmen basieren auf den Interessen und dem Verhalten der Nutzer, was dazu führen kann, dass Menschen in sogenannten ›Filterblasen‹ oder ›Echokammern‹ landen. In solchen Umgebungen werden Nutzer hauptsächlich mit Informationen konfrontiert, die ihre bestehenden Ansichten bestätigen.

Für den Besserwisser bedeutet dies, dass er oft nur mit Menschen interagiert, die seine Sichtweise teilen oder verstärken. Dies kann dazu führen, dass der Besserwisser seine eigene Meinung als unantastbar betrachtet und weniger offen für andere Perspektiven ist. Gleichzeitig kann es für diejenigen, die außerhalb dieser Blasen stehen, schwierig sein, Gehör zu finden oder ihre Sichtweisen zu verteidigen.

Influencer und digitale Experten

Das digitale Zeitalter hat auch eine neue Klasse von Besserwissern hervorgebracht: die Influencer und digitalen Experten. Diese Personen haben große Anhängerschaften aufgebaut und nutzen ihre Plattformen, um Wissen und Meinungen zu verbreiten. Ein Beispiel hierfür ist der Bereich der Gesundheits-

und Fitness-Influencer, die oft ihre eigenen Ernährungs- und Trainingspläne teilen. Während viele von ihnen fundiertes Wissen haben, gibt es auch diejenigen, die Halbwissen oder sogar gefährliche Ratschläge verbreiten.

Die Popularität dieser digitalen Experten zeigt, dass Menschen weiterhin nach Wissen und Führung suchen, auch wenn sie skeptisch gegenüber traditionellen Autoritäten sind. Der Erfolg dieser Influencer hängt oft davon ab, wie überzeugend sie ihr Wissen präsentieren und wie gut sie ihre Anhängerschaft einbinden können. Der Besserwisser im digitalen Zeitalter muss daher nicht nur informiert sein, sondern auch in der Lage, sein Wissen effektiv zu kommunizieren und eine treue Anhängerschaft aufzubauen.

Der Besserwisser und die Echokammer

Eine der größten Herausforderungen im digitalen Zeitalter ist die Existenz von Echokammern. Menschen neigen dazu, sich mit Gleichgesinnten zu umgeben, sowohl offline als auch online. Soziale Medien verstärken diese Tendenz, indem sie Inhalte bevorzugen, die den Vorlieben und Meinungen der Nutzer entsprechen. In einer Echokammer wird der Besserwisser oft bestätigt und bestärkt, was seine Überzeugungen noch stärker macht.

Dies führt zu einer Fragmentierung des Wissens und einer Polarisierung der Gesellschaft. Unterschiedliche Gruppen entwickeln ihre eigenen ›Wahrheiten‹, und der Austausch zwischen diesen Gruppen wird immer schwieriger. Der Besserwisser in einer Echokammer ist oft weniger geneigt, andere Perspektiven zu akzeptieren, da er ständig in seiner eigenen Sichtweise bestätigt wird.

Neue Formen der Korrektur

Im digitalen Zeitalter haben sich auch die Formen der Korrektur verändert. Während persönliche Korrekturen oft diskret und privat sind, sind Korrekturen in sozialen Medien öffentlich und sichtbar für ein großes Publikum. Dies kann zu Demütigungen und öffentlicher Beschämung führen, was die Bereitschaft, Korrekturen anzunehmen, verringert. Der digitale Besserwisser muss daher besonders sensibel und geschickt sein, um Korrekturen respektvoll und konstruktiv zu vermitteln.

Gleichzeitig bieten digitale Plattformen auch neue Möglichkeiten für den Wissensaustausch und die Zusammenarbeit. Online-Communities und Foren ermöglichen es Menschen, ihr Wissen zu teilen und voneinander zu lernen. In diesen Räumen kann der Besserwisser als wertvoller Beitragender wahrgenommen werden, der hilft, kollektives Wissen zu erweitern.

Fazit:

Der Besserwisser im digitalen Zeitalter ist eine komplexe und ambivalente Figur. Die ständige Verfügbarkeit von Informationen und die Macht der sozialen Medien haben die Art und Weise, wie Wissen geteilt und wahrgenommen wird, grundlegend verändert. Der Besserwisser kann sowohl als Hüter der Wahrheit als auch als nerviger Pedant wahrgenommen werden, je nachdem, wie er sein Wissen präsentiert und wie er von seinem Publikum aufgenommen wird.

In einer Welt, in der Informationen sowohl zugänglich als auch flüchtig sind, bleibt die Herausforderung bestehen, Wissen auf eine Weise zu teilen, die respektvoll und effektiv ist. Der digitale Besserwisser muss sich der Dynamik der sozialen Medien bewusst sein und lernen, wie man Korrekturen und Belehrungen so vermittelt, dass sie nicht nur gehört, sondern auch geschätzt werden. Nur dann kann der Besserwisser im digitalen Zeitalter eine positive und konstruktive Rolle in der Gesellschaft spielen.

Teil 4:

Praktische Ansätze und Lösungen

Konstruktive Kritik

Kritik zu geben ist eine Kunstform, die oft missverstanden wird. Die Art und Weise, wie Korrekturen und Rückmeldungen vermittelt werden, kann den Unterschied zwischen einer positiven, lehrreichen Erfahrung und einer verletzenden, demütigenden Begegnung ausmachen. Konstruktive Kritik zielt darauf ab, Fehler aufzuzeigen und gleichzeitig die Fähigkeiten und das Selbstvertrauen des Empfängers zu stärken. In diesem Kapitel werden wir Methoden und Ansätze zur konstruktiven Vermittlung von Korrekturen untersuchen und anhand von Beispielen und Fallstudien veranschaulichen.

Die Essenz der Konstruktiven Kritik

Konstruktive Kritik basiert auf dem Prinzip, dass Rückmeldungen nicht nur dazu dienen, Fehler zu korrigieren, sondern auch die Entwicklung und das Wachstum des Empfängers zu fördern. Sie sollte daher klar, spezifisch und wohlwollend sein. Der Tonfall spielt eine entscheidende Rolle: Ein respektvoller und unterstützender Ansatz kann den Empfänger motivieren, während ein harscher oder herablassender Ton das Gegenteil bewirken kann.

Ein zentrales Element konstruktiver Kritik ist das sogenannte »Sandwich-Prinzip«, bei dem negatives Feedback zwischen zwei positiven Bemerkungen eingebettet wird. Diese Methode hilft, den negativen Aspekt abzumildern und dem Empfänger zu zeigen, dass seine Bemühungen anerkannt werden. Ein Beispiel hierfür könnte ein Lehrer sein, der einem Schüler sagt: »Ich schätze deine Kreativität in diesem Aufsatz. Allerdings gibt es ein paar grammatikalische Fehler, die wir korrigieren müssen. Aber insgesamt hast du deine Ideen sehr gut ausgedrückt.«

Fallstudie 1:

Konstruktive Kritik im Berufsleben

Im Berufsleben ist konstruktive Kritik unerlässlich für die persönliche und berufliche Weiterentwicklung. Betrachten wir das Beispiel von Maria, einer jungen Marketing-Spezialistin, die kürzlich eine Präsentation für einen wichtigen Kunden gehalten hat. Ihr Vorgesetzter, Herr Meier, bemerkt einige Punkte, die verbessert werden könnten. Statt sie direkt auf ihre Fehler hinzuweisen, wendet er das Sandwich-Prinzip an.

»Maria, du hast einen großartigen Job gemacht, indem du die Hauptbotschaften unserer Kampagne klar vermittelt hast. Es gab jedoch ein paar Punkte, bei denen die Struktur etwas klarer sein könnte. Vielleicht könnten wir das nächste Mal ein paar mehr visuelle Hilfsmittel einbauen, um die Kernbotschaften zu verstärken. Aber insgesamt war deine Energie und dein Engagement wirklich beeindruckend.«

Durch diese Methode fühlt sich Maria nicht nur wertgeschätzt, sondern ist auch motiviert, ihre Präsentationsfähigkeiten weiter zu verbessern.

Fallstudie 2:

Konstruktive Kritik im Bildungswesen

In Schulen und Universitäten spielt konstruktive Kritik eine entscheidende Rolle für das Lernen der Schüler und Studenten. Nehmen wir an, ein Professor bemerkt, dass ein Student, John, in seiner schriftlichen Arbeit Schwierigkeiten hat, seine Argumente klar zu strukturieren. Anstatt John direkt auf seine Schwächen hinzuweisen, wählt der Professor einen positiven Ansatz.

»John, du hast einige sehr interessante Ideen in deiner Arbeit vorgestellt. Besonders gefällt mir, wie du die verschiedenen Theorien miteinander verknüpft hast. Eine Möglichkeit, deine Arbeit noch stärker zu machen, wäre, eine klarere Struktur zu verwenden, damit deine Argumente noch überzeugender wirken. Ich bin mir sicher, dass du das meistern kannst, da du bereits ein tiefes Verständnis für das Thema zeigst.«

Diese Art der Rückmeldung ermutigt John, seine Arbeit zu überarbeiten und stärkt gleichzeitig sein Vertrauen in seine Fähigkeiten.

Die Rolle der Empathie in der Konstruktiven Kritik

Empathie ist ein weiterer wichtiger Aspekt konstruktiver Kritik. Sich in die Lage des Empfängers zu versetzen und dessen Gefühle zu berücksichtigen, kann den Unterschied ausmachen. Ein empathischer Ansatz zeigt dem Empfänger, dass der Kritiker seine Perspektive versteht und seine Bemühungen respektiert.

Ein Beispiel für Empathie in der Kritik könnte eine Teamleiterin sein, die einen Mitarbeiter korrigieren muss, der wiederholt zu spät zu Meetings kommt. Anstatt den Mitarbeiter vor dem Team zu tadeln, spricht sie ihn privat an.

»Ich weiß, dass du derzeit eine Menge um die Ohren hast und es manchmal schwierig ist, pünktlich zu sein. Deine Beiträge sind wirklich wertvoll für unsere Meetings, und ich möchte sicherstellen, dass du die Möglichkeit hast, sie von Anfang an zu teilen. Gibt es etwas, das wir tun können, um dir zu helfen, pünktlich zu sein?«

Durch diesen Ansatz zeigt die Teamleiterin Verständnis für die Situation des Mitarbeiters und bietet gleichzeitig Unterstützung an, um das Problem zu lösen.

Konstruktive Kritik im digitalen Zeitalter

Mit der Verbreitung digitaler Kommunikation haben sich auch die Methoden der Kritik verändert. E-Mails, Chats und

Videokonferenzen sind zu gängigen Mitteln der Kommunikation geworden, was die Art und Weise, wie Kritik vermittelt wird, beeinflusst. Es ist wichtig, in der digitalen Kommunikation besonders auf den Tonfall und die Wortwahl zu achten, da nonverbale Hinweise fehlen.

Ein Beispiel hierfür könnte ein Projektmanager sein, der ein Teammitglied wegen eines Fehlers in einem Bericht korrigieren muss. Anstatt eine kurze, möglicherweise schroffe E-Mail zu senden, wählt der Manager einen freundlicheren und klareren Ansatz.

»Hallo Tom, ich hoffe, es geht dir gut. Danke, dass du den Bericht so schnell zusammengestellt hast. Mir ist aufgefallen, dass es einen kleinen Fehler in den Zahlen auf Seite 3 gibt. Könntest du das bitte überprüfen und korrigieren? Ich schätze deine harte Arbeit und weiß, dass solche Dinge leicht übersehen werden können. Vielen Dank für deine Mühe!«

Dieser Ansatz zeigt Wertschätzung und Respekt, was dazu beitragen kann, die Beziehung zwischen den Teammitgliedern zu stärken.

Fazit:

Konstruktive Kritik ist ein mächtiges Werkzeug, das, wenn es richtig eingesetzt wird, nicht nur zur Korrektur von Fehlern beiträgt, sondern auch zur persönlichen und beruflichen Weiterentwicklung des Empfängers. Durch klare, spezifische und wohlwollende Rückmeldungen kann der Kritiker dazu beitragen, das Selbstvertrauen und die Fähigkeiten des Empfängers zu stärken. Empathie und ein positiver Ansatz sind dabei entscheidend, um sicherzustellen, dass die Kritik nicht nur akzeptiert, sondern auch geschätzt wird.

In einer Welt, in der Kommunikation zunehmend digital wird, bleibt die Kunst der konstruktiven Kritik von zentraler Bedeutung. Sie hilft, Beziehungen zu stärken, Vertrauen aufzubauen und eine Kultur des kontinuierlichen Lernens und Wachstums zu fördern. Durch die Anwendung dieser Prinzipien können wir sicherstellen, dass Kritik nicht als Angriff, sondern als Chance zur Verbesserung und Entwicklung wahrgenommen wird.

Selbstreflexion und Akzeptanz

Selbstreflexion und die Fähigkeit, Kritik anzunehmen, sind essenzielle Eigenschaften für persönliches Wachstum und zwischenmenschliche Beziehungen. In einer Welt, die sich ständig verändert und in der Wissen und Fähigkeiten fortwährend weiterentwickelt werden müssen, ist es von großer Bedeutung, wie Menschen auf Kritik reagieren und wie sie ihre eigenen Fehler und Schwächen erkennen und an ihnen arbeiten können. Dieses Kapitel beleuchtet die Förderung von Selbstreflexion und die Entwicklung der Fähigkeit, Kritik anzunehmen, sowie Strategien zur Reduzierung defensiver Reaktionen.

Die Bedeutung der Selbstreflexion

Selbstreflexion ist der Prozess, in dem man über die eigenen Gedanken, Gefühle, Verhaltensweisen und deren Auswirkungen nachdenkt. Es ist ein introspektiver Ansatz, der es ermöglicht, sich selbst besser zu verstehen und bewusste Entscheidungen zu treffen, um persönliches und berufliches Wachstum zu fördern. Selbstreflexion ist ein Schlüssel zur Selbsterkenntnis und ein wichtiger Bestandteil der emotionalen Intelligenz.

Ein Beispiel für Selbstreflexion kann in einer beruflichen Situation stattfinden. Nehmen wir an, Anna, eine Projektleiterin, bemerkt, dass ihr Team in letzter Zeit nicht so effizient arbeitet wie zuvor. Anstatt sofort die Schuld auf externe Faktoren oder Teammitglieder zu schieben, nimmt sich Anna Zeit, über ihre eigene Rolle und ihr Verhalten nachzudenken. Sie erkennt, dass ihre jüngste Kommunikationsweise möglicherweise Missverständnisse und Frustrationen im Team verursacht hat. Diese Erkenntnis ermöglicht es ihr, ihre Vorgehensweise anzupassen und eine offenere und klarere Kommunikation zu fördern.

Die Kunst, Kritik anzunehmen

Die Fähigkeit, Kritik anzunehmen, ist eng mit Selbstreflexion verbunden. Es erfordert Mut und Demut, die eigenen Fehler und Schwächen zu erkennen und aus ihnen zu lernen. Kritik anzunehmen bedeutet nicht, dass man sich selbst gering schätzt, sondern dass man bereit ist, sich zu verbessern und zu wachsen.

Ein Beispiel hierfür könnte ein Musiker sein, der nach einem Auftritt Feedback von seinem Mentor erhält. Der Mentor weist auf einige technische Fehler hin und gibt Vorschläge zur Verbesserung. Anstatt sich angegriffen zu fühlen, erkennt der Musiker, dass dieses Feedback eine wertvolle Gelegenheit ist, seine Fähigkeiten zu verfeinern und zu wachsen. Er nimmt die Kritik an, arbeitet an den genannten Punkten und wird dadurch zu einem besseren Künstler.

Strategien zur Reduzierung defensiver Reaktionen

Defensive Reaktionen auf Kritik sind eine natürliche menschliche Reaktion, die oft aus dem Bedürfnis nach Selbstschutz resultiert. Diese Reaktionen können jedoch hinderlich sein und den Lern- und Wachstumsprozess behindern. Es gibt verschiedene Strategien, um defensive Reaktionen zu reduzieren und eine offenere Haltung gegenüber Kritik zu fördern.

1. Entwicklung eines Wachstumsdenkens:

Ein Wachstumsdenken, das von der Psychologin Carol Dweck populär gemacht wurde, ist die Überzeugung, dass Fähigkeiten und Intelligenz durch Anstrengung und Lernen entwickelt werden können. Menschen mit einem Wachstumsdenken sind eher bereit, Kritik als Teil des Lernprozesses anzunehmen. Indem man sich auf den Prozess des Lernens und Wachsens konzentriert, kann man defensive Reaktionen verringern.

2. Praktizieren von Achtsamkeit:

Achtsamkeit ist die bewusste Wahrnehmung des gegenwärtigen Moments ohne Urteil. Durch Achtsamkeit können Menschen ihre emotionalen Reaktionen auf Kritik besser erkennen und kontrollieren. Zum Beispiel kann jemand, der achtsam ist, eine kritische Bemerkung hören und statt sofort defensiv zu reagieren, innehalten, tief durchatmen und die Kritik objektiv betrachten.

3. Förderung einer offenen Kommunikation:

Eine offene und respektvolle Kommunikationskultur kann helfen, defensive Reaktionen zu reduzieren. Wenn Menschen wissen, dass Kritik konstruktiv und wohlwollend geäußert wird, sind sie eher bereit, sie anzunehmen. Dies erfordert, dass sowohl der Kritiker als auch der Empfänger offen und respektvoll kommunizieren. Ein Beispiel dafür könnte ein Teammeeting sein, in dem Feedback-Runden eingeführt werden, bei denen jedes Teammitglied die Möglichkeit hat, konstruktives Feedback zu geben und zu erhalten.

4. Persönliche Verantwortung übernehmen:

Indem man Verantwortung für seine eigenen Fehler übernimmt, zeigt man Bereitschaft zur Verbesserung und stärkt das Vertrauen anderer in die eigene Fähigkeit zur Selbstreflexion. Ein Beispiel könnte ein Manager sein, der in einer Teamsitzung zugibt, dass er in einem bestimmten Projekt einen Fehler gemacht hat, und darüber spricht, wie er daraus gelernt hat und welche Maßnahmen er ergreift, um ähnliche Fehler in Zukunft zu vermeiden.

5. Aufbau von Selbstmitgefühl:

Selbstmitgefühl ist die Fähigkeit, sich selbst gegenüber freundlich und verständnisvoll zu sein, besonders in Zeiten des Scheiterns oder der Kritik. Menschen, die Selbstmitgefühl praktizieren, sind weniger geneigt, defensiv zu reagieren, weil sie sich selbst nicht hart verurteilen. Ein Beispiel könnte eine Lehrerin sein, die nach einer kritischen Rückmeldung von ihren Schülern erkennt, dass sie nicht perfekt sein muss, und sich selbst verzeiht, während sie gleichzeitig daran arbeitet, ihre Lehrmethoden zu verbessern.

Fallstudien zur Selbstreflexion und Akzeptanz von Kritik

Fallstudie 1:

Der Ingenieur und die Projektüberprüfung

Thomas ist ein erfahrener Ingenieur, der an einem komplexen Bauprojekt arbeitet. Während einer Projektüberprüfung weist ein Kollege auf einige Schwächen in Thomas' Planung hin. Thomas fühlt sich zunächst angegriffen und verteidigt seine Arbeit vehement. Nach der Sitzung nimmt er sich jedoch Zeit zur Selbstreflexion. Er erkennt, dass die Kritik seines Kollegen berechtigt war und ihm hilft, potenzielle Probleme frühzeitig zu erkennen. Thomas nimmt die Kritik an, überarbeitet seine Planung und verbessert dadurch die Qualität des gesamten Projekts.

Fallstudie 2:

Die Lehrerin und das Feedback der Schüler

Frau Müller, eine engagierte Lehrerin, erhält von ihren Schülern das Feedback, dass ihre Unterrichtsmethoden manchmal schwer verständlich sind. Zunächst ist sie verletzt und defensiv. Doch durch Selbstreflexion und Gespräche mit Kollegen erkennt sie, dass sie ihre Unterrichtsmethoden anpassen muss, um besser auf die Bedürfnisse ihrer Schüler einzugehen. Sie entwickelt neue, interaktive Lehrmethoden und beobachtet eine deutliche Verbesserung der Leistungen und des Engagements ihrer Schüler.

Fazit:

Selbstreflexion und die Fähigkeit, Kritik anzunehmen, sind grundlegende Fähigkeiten für persönliches und berufliches Wachstum. Durch die Entwicklung eines Wachstumsdenkens, das Praktizieren von Achtsamkeit, die Förderung einer offenen Kommunikation, die Übernahme persönlicher Verantwortung und den Aufbau von Selbstmitgefühl können defensive Reaktionen auf Kritik reduziert werden. Diese Strategien ermöglichen es Menschen, aus Fehlern zu lernen, ihre Fähigkeiten zu verbessern und stärkere, vertrauensvollere Beziehungen aufzubauen. Indem wir uns auf diese Praktiken einlassen, können wir nicht nur unsere eigene Entwicklung fördern, sondern auch eine Kultur des kontinuierlichen Lernens und der gegenseitigen Unterstützung schaffen.

Kommunikationsfähigkeiten verbessern

In der heutigen vernetzten Welt, in der zwischenmenschliche Interaktionen und effektive Kommunikation von entscheidender Bedeutung sind, ist es unerlässlich, die eigenen Kommunikationsfähigkeiten kontinuierlich zu verbessern. Trainingsprogramme und Workshops bieten strukturierte und gezielte Ansätze, um diese Fähigkeiten zu entwickeln. Gleichzeitig gibt es zahlreiche Tipps und Techniken, die im Alltag angewendet werden können, um die Kommunikation zu optimieren.

Die Bedeutung von Kommunikationsfähigkeiten

Kommunikationsfähigkeiten sind nicht nur für den beruflichen Erfolg entscheidend, sondern spielen auch eine zentrale Rolle im persönlichen Leben. Eine klare und effektive Kommunikation kann Missverständnisse vermeiden, Konflikte lösen und tiefere, vertrauensvolle Beziehungen aufbauen. Sie ermöglicht es uns, unsere Gedanken und Gefühle präzise auszudrücken und die Bedürfnisse und Perspektiven anderer besser zu verstehen.

Trainingsprogramme und Workshops

Trainingsprogramme und Workshops zur Verbesserung der Kommunikationsfähigkeiten bieten eine strukturierte Umgebung, in der Teilnehmer verschiedene Techniken und Strategien erlernen und üben können. Diese Programme umfassen in der Regel eine Kombination aus theoretischem Wissen und praktischen Übungen, die den Teilnehmern helfen, ihre Kommunikationsfähigkeiten zu verfeinern.

Ein Beispiel für ein solches Programm ist ein Workshop zur gewaltfreien Kommunikation (GFK), der auf den Prinzipien von Dr. Marshall Rosenberg basiert. GFK legt den Fokus darauf, in einer respektvollen und empathischen Weise zu kommunizieren, die darauf abzielt, Bedürfnisse zu erkennen und zu erfüllen. Teilnehmer lernen, wie sie ihre Gefühle und Bedürfnisse klar ausdrücken und gleichzeitig die Bedürfnisse anderer berücksichtigen können.

Ein weiterer Ansatz ist das Training in aktives Zuhören, das darauf abzielt, die Fähigkeit zu verbessern, anderen wirklich zuzuhören und ihre Botschaften zu verstehen. In solchen Workshops lernen die Teilnehmer Techniken wie Spiegeln, Paraphrasieren und Zusammenfassen, um sicherzustellen, dass sie die Botschaften des Sprechers korrekt verstanden haben und gleichzeitig Empathie und Aufmerksamkeit zeigen.

Tipps und Techniken für den Alltag

Neben formellen Trainingsprogrammen gibt es viele einfache, aber wirkungsvolle Techniken, die im Alltag angewendet werden können, um die Kommunikation zu verbessern. Diese Tipps helfen dabei, bewusstere und effektivere Kommunikationsmuster zu entwickeln.

1. Klarheit und Präzision:

Eine klare und präzise Ausdrucksweise ist essenziell, um Missverständnisse zu vermeiden. Versuchen Sie, Ihre Gedanken in kurzen, verständlichen Sätzen zu formulieren und unnötige Fachbegriffe oder komplizierte Sprache zu vermeiden. Beispielsweise kann ein Manager, der klare Anweisungen gibt, Missverständnisse im Team reduzieren und die Effizienz steigern.

2. Empathie zeigen:

Empathie ist der Schlüssel zu einer erfolgreichen Kommunikation. Versuchen Sie, sich in die Lage des Gesprächspartners zu versetzen und dessen Perspektive zu verstehen. Zeigen Sie durch Ihre Reaktionen und Ihr Verhalten, dass Sie die Gefühle und Bedürfnisse des anderen ernst nehmen. Eine einfache Möglichkeit, Empathie zu zeigen, besteht darin, Aussagen wie »Ich verstehe, dass das für dich schwierig ist« oder »Ich kann nachvollziehen, warum du so fühlst« zu verwenden.

3. Nonverbale Kommunikation beachten:

Nonverbale Signale wie Körpersprache, Mimik und Gestik spielen eine wichtige Rolle in der Kommunikation. Achten Sie darauf, dass Ihre nonverbalen Signale mit Ihren Worten übereinstimmen. Ein offenes und zugewandtes Auftreten kann Vertrauen und Offenheit fördern, während verschränkte Arme oder abgewandter Blick als Abwehrhaltung interpretiert werden können.

4. Aktives Zuhören praktizieren:

Aktives Zuhören bedeutet, dem Gesprächspartner volle Aufmerksamkeit zu schenken und seine Botschaften wirklich zu verstehen. Techniken wie Nicken, Blickkontakt und kurze verbale Bestätigungen wie »Ja«, »Verstehe« oder »Genau« signalisieren, dass Sie aufmerksam sind. Versuchen Sie, Ablenkungen zu minimieren und sich voll und ganz auf das Gespräch zu konzentrieren.

5. Feedback geben und annehmen:

Konstruktives Feedback ist ein wichtiger Bestandteil effektiver Kommunikation. Geben Sie Feedback in einer respektvollen und wohlwollenden Weise, die darauf abzielt, dem anderen zu helfen, sich zu verbessern. Gleichzeitig sollten Sie offen für Feedback sein und es als Gelegenheit zur eigenen Weiterentwicklung sehen. Ein Beispiel für konstruktives Feedback könnte sein: »Ich finde deine Präsentation war sehr informativ, aber vielleicht könntest du das nächste Mal mehr auf die Visualisierung der Daten achten.«

6. Pausen und Stille nutzen:

In der Kommunikation können Pausen und Stille wirkungsvoll eingesetzt werden, um Raum für Reflexion und Verarbeitung zu schaffen. Lassen Sie Ihrem Gesprächspartner Zeit, über das Gesagte nachzudenken, und vermeiden Sie es, ihn zu unterbrechen. Diese Technik kann besonders in intensiven oder emotional aufgeladenen Gesprächen hilfreich sein.

Fallstudien:

Erfolgreiche Kommunikationsverbesserung

Fallstudie 1:

Das Teammeeting

Ein Unternehmen führte regelmäßig Teammeetings durch, bei denen häufig Missverständnisse und Unzufriedenheit auftraten. Um die Kommunikation zu verbessern, entschied sich das Unternehmen, einen Workshop zur gewaltfreien Kommunikation für alle Teammitglieder zu organisieren. Nach dem Workshop begannen die Teammitglieder, ihre Anliegen klarer und respektvoller zu äußern und auf die Bedürfnisse der anderen zu achten. Die Meetings wurden produktiver, und das Arbeitsklima verbesserte sich deutlich.

Fallstudie 2:

Der schwierige Kunde

Ein Vertriebsmitarbeiter hatte Schwierigkeiten, mit einem besonders anspruchsvollen Kunden umzugehen. Durch ein Training in aktivem Zuhören lernte der Mitarbeiter, besser auf die Bedürfnisse des Kunden einzugehen und dessen Anliegen ernst zu nehmen. Er setzte Techniken wie Spiegeln und Paraphrasieren ein, um sicherzustellen, dass er die Wünsche des Kunden korrekt verstanden hatte. Infolgedessen verbesserte sich die

Beziehung zum Kunden erheblich, und die Kundenzufriedenheit stieg.

Fazit:

Die Verbesserung der Kommunikationsfähigkeiten ist ein kontinuierlicher Prozess, der sowohl strukturiertes Training als auch alltägliche Übung erfordert. Durch die Teilnahme an Trainingsprogrammen und Workshops sowie die Anwendung einfacher Techniken im Alltag können Menschen ihre Kommunikationsfähigkeiten erheblich verbessern. Dies führt nicht nur zu persönlichem und beruflichem Erfolg, sondern auch zu tieferen, vertrauensvolleren Beziehungen und einem harmonischeren Miteinander. Indem wir bewusst an unserer Kommunikation arbeiten, tragen wir dazu bei, Missverständnisse zu vermeiden, Konflikte zu lösen und eine Kultur des gegenseitigen Verständnisses und Respekts zu fördern.

Teil 5:

Anekdoten und Experimente

Blindversuche und Experimente

In der Wissenschaft und Psychologie werden Experimente häufig eingesetzt, um das menschliche Verhalten und die zugrunde liegenden Mechanismen zu verstehen. Ein besonders faszinierender Bereich ist die Untersuchung der Wahrnehmung von Korrekturquellen. Wer wird als vertrauenswürdig oder kompetent angesehen, wenn es darum geht, Fehler zu korrigieren? Welche Rolle spielen Status, Autorität und persönliche Sympathie in diesem Prozess? Diese Fragen wurden durch eine Reihe von Blindversuchen und Experimenten beleuchtet, deren Ergebnisse interessante Erkenntnisse liefern.

Die Grundlagen der Blindversuche

Blindversuche sind eine Methode, bei der die Teilnehmer nicht wissen, welche Gruppe oder welche Bedingung sie zugewiesen sind. Dieses Verfahren minimiert Bias und ermöglicht es Forschern, objektivere Ergebnisse zu erzielen. In der Untersuchung der Wahrnehmung von Korrekturquellen sind Blindversuche besonders wertvoll, da sie helfen, den Einfluss von Vorurteilen und Voreingenommenheit zu reduzieren.

Ein klassisches Beispiel für einen Blindversuch in diesem Kontext ist das Experiment, bei dem Probanden Feedback zu ihren Leistungen erhalten, ohne zu wissen, von wem das Feedback stammt. In einigen Varianten werden die Korrekturen angeblich von Experten gegeben, in anderen von Laien, wobei die tatsächliche Quelle des Feedbacks bewusst verschleiert wird.

Das Experiment:

Vertrauen in die Korrekturquelle

Ein bemerkenswertes Experiment in diesem Bereich wurde von einem Team von Psychologen durchgeführt, das untersuchen wollte, wie die wahrgenommene Kompetenz der Korrekturquelle die Akzeptanz der Korrektur beeinflusst. Die Teilnehmer wurden in drei Gruppen eingeteilt: Eine Gruppe erhielt Feedback von angeblichen Experten, eine zweite von vermeintlichen Laien und eine dritte Gruppe wusste nicht, wer das Feedback gab.

Die Ergebnisse zeigten, dass die Teilnehmer, die glaubten, das Feedback stamme von Experten, eher bereit waren, die Korrekturen zu akzeptieren und ihre Fehler zu korrigieren. Interessanterweise war die Akzeptanzrate in der Gruppe, die nicht wusste, von wem das Feedback stammte, höher als in der Gruppe, die dachte, das Feedback käme von Laien. Dies deutet darauf hin, dass die bloße Unsicherheit über die Quelle der Korrektur die Bereitschaft erhöhen kann, diese anzunehmen, da die Teilnehmer die Möglichkeit in Betracht zogen, dass das Feedback von einer kompetenten Person stammen könnte.

Die Rolle der Autorität und Sympathie

Ein weiteres Experiment untersuchte den Einfluss von Autorität und Sympathie auf die Akzeptanz von Korrekturen. In diesem Versuch erhielten die Teilnehmer Korrekturen von Personen, die entweder als Autoritätspersonen (z. B. Professoren) oder als Gleichgestellte dargestellt wurden. Zudem wurde variiert, ob die Korrekturquelle als sympathisch oder unsympathisch wahrgenommen wurde.

Die Ergebnisse zeigten, dass Autoritätspersonen generell mehr Akzeptanz fanden als Gleichgestellte. Sympathie spielte jedoch eine entscheidende Rolle: Korrekturen von sympathischen Gleichgestellten wurden häufiger akzeptiert als von unsympathischen Autoritätspersonen. Dies unterstreicht die Bedeutung zwischenmenschlicher Faktoren bei der Wahrnehmung und Akzeptanz von Korrekturen.

Fallbeispiele und praktische Anwendungen

Ein interessantes Fallbeispiel aus der Praxis ist die Anwendung dieser Erkenntnisse in der Bildungsbranche. Lehrer, die als kompetent und sympathisch wahrgenommen werden, haben es leichter, ihre Schüler zu korrigieren und ihnen zu helfen, Fehler zu erkennen und zu lernen. Schulen, die gezielt an der Verbesserung des Lehrer-Schüler-Verhältnisses arbeiten und Lehrerfortbildungen anbieten, die sowohl Fachkompetenz als auch soziale Fähigkeiten fördern, berichten von signifikant besseren Lernergebnissen und einer höheren Akzeptanz von Korrekturen durch die Schüler.

In der Unternehmenswelt zeigt sich ein ähnliches Bild. Führungskräfte, die ihre Mitarbeiter respektvoll und empathisch korrigieren, fördern ein positives Arbeitsklima und steigern die Produktivität. Unternehmen, die Trainingsprogramme zur Entwicklung von Führungs- und Kommunikationsfähigkeiten implementieren, berichten von einer höheren Mitarbeiterzufriedenheit und geringeren Fluktuationsraten.

Erkenntnisse und Implikationen

Die Ergebnisse dieser Experimente haben weitreichende Implikationen für verschiedene Bereiche des Lebens. Sie verdeutlichen, dass die Akzeptanz von Korrekturen stark von der wahrgenommenen Kompetenz und Sympathie der Korrekturquelle abhängt. Diese Erkenntnisse können dazu beitragen, effektive Strategien zu entwickeln, um die Kommunikation und Zusammenarbeit in Bildungseinrichtungen, Unternehmen und zwischenmenschlichen Beziehungen zu verbessern.

Ein praktischer Ansatz könnte darin bestehen, bewusster mit der eigenen Rolle als Korrekturquelle umzugehen und sich der Bedeutung von Autorität und Sympathie bewusst zu sein. Dies könnte beispielsweise durch gezielte Schulungen in emotionaler Intelligenz und empathischer Kommunikation erreicht werden. Ebenso könnte die Förderung einer Kultur des respektvollen und konstruktiven Feedbacks zu einer höheren Akzeptanz von Korrekturen führen.

Fazit:

Die Untersuchung der Wahrnehmung von Korrekturquellen durch Blindversuche und Experimente liefert wertvolle Einblicke in die Dynamik von Wissen und Korrektur. Die Erkenntnisse zeigen, dass die Akzeptanz von Korrekturen nicht nur von der inhaltlichen Richtigkeit abhängt, sondern auch stark von der wahrgenommenen Kompetenz und Sympathie der Korrekturquelle beeinflusst wird. Diese Einsichten bieten praktische Ansätze, um die Kommunikationsfähigkeiten und die Akzeptanz von Feedback in verschiedenen Lebensbereichen zu verbessern, und betonen die Wichtigkeit einer respektvollen und empathischen Herangehensweise bei der Vermittlung von Korrekturen.

Geschichten aus dem Alltag

Im Alltag begegnen uns ständig Situationen, in denen Wissen geteilt und korrigiert wird. Diese Momente, in denen jemand uns auf einen Fehler hinweist oder uns etwas Neues beibringt, sind reich an Dynamiken und Emotionen. Durch persönliche Erlebnisse und Erfahrungsberichte wird die oft komplexe und manchmal heikle Interaktion von Korrekturen und den Reaktionen darauf greifbar und lebendig. In diesem Kapitel sollen einige solcher Geschichten erzählt werden, um die Theorie der Korrektur mit realen Begebenheiten zu illustrieren.

Eine Begegnung im Café

Es war ein sonniger Nachmittag, als Sabine sich in ihrem Lieblingscafé niederließ, um einen Kaffee zu genießen und ein wenig zu arbeiten. Die Atmosphäre war entspannt, das Summen der Gespräche und das Klirren von Geschirr bildeten eine angenehme Hintergrundkulisse. Sabine tippte konzentriert auf ihrem Laptop, als sie hörte, wie der Gast am Nachbartisch eine hitzige Diskussion über den Unterschied zwischen ›Espresso‹ und ›Expresso‹ führte.

Der junge Mann bestand darauf, dass ›Expresso‹ die richtige Bezeichnung sei. Sabine, die zufällig eine passionierte Kaffeekennerin war, konnte sich ein Schmunzeln nicht verkneifen. Schließlich konnte sie nicht widerstehen und sagte freundlich: »Entschuldigung, dass ich mich einmische, aber das Wort heißt tatsächlich 'Espresso'. 'Expresso' ist ein weit verbreiteter Fehler.«

Der junge Mann errötete leicht, aber anstatt ärgerlich zu reagieren, lachte er und meinte: »Oh, das wusste ich nicht! Danke für die Korrektur.‹ Diese kleine Begegnung endete positiv, weil Sabine ihren Einwand höflich und respektvoll vorbrachte und der junge Mann offen für neue Informationen war.

Die Lehrer-Konferenz

Auf einer Lehrerkonferenz an einer weiterführenden Schule diskutierten die Lehrkräfte über neue pädagogische Methoden. Herr Müller, ein erfahrener Mathematiklehrer, präsentierte seine Ideen mit großem Enthusiasmus. Während seines Vortrags bemerkte Frau Schmidt, eine junge Kollegin, einen Rechenfehler in einem seiner Beispiele. Zögernd hob sie die Hand und wies darauf hin: »Entschuldigen Sie, Herr Müller, aber ich glaube, da ist ein kleiner Fehler in der Rechnung.«

Herr Müller stutzte, blickte auf seine Notizen und erkannte den Fehler. Anstatt defensiv zu reagieren, lächelte er und sagte: »Vielen Dank, Frau Schmidt. Das zeigt, dass wir alle manchmal Hilfe brauchen, um auf dem richtigen Weg zu bleiben.« Diese Reaktion stärkte das Vertrauen und den Respekt im Kollegium und zeigte, wie konstruktive Kritik zu einer besseren Zusammenarbeit beitragen kann.

Der Familienausflug

Familienausflüge sind oft eine Quelle für kleine Missverständnisse und Korrekturen. Familie Becker machte sich an einem Wochenende auf den Weg zu einem nahegelegenen See. Unterwegs diskutierten die Kinder, Lena und Max, darüber, ob es dort Schwäne oder Enten gab. Lena, die sich sicher war, dass es Schwäne waren, bestand vehement darauf, während Max behauptete, es seien Enten.

Als sie am See ankamen, sahen sie, dass beide Arten von Vögeln dort lebten. Der Vater nutzte die Gelegenheit, um eine Lektion über die Wichtigkeit der Beobachtung und Offenheit für Korrekturen zu erteilen. »Seht ihr, manchmal liegen wir beide richtig und es ist in Ordnung, etwas Neues zu lernen.« Diese Erfahrung half den Kindern zu verstehen, dass Wissen sich ständig erweitern kann und dass es wertvoll ist, offen für Korrekturen zu sein.

Der Fehler im Meeting

In einem großen Unternehmen fand ein wichtiges Meeting statt, bei dem ein neues Projekt vorgestellt wurde. Herr Schmidt, der Projektleiter, präsentierte die Zahlen und Fakten, als Frau Meier, eine erfahrene Kollegin, einen Fehler in der Berechnung der Budgetzahlen bemerkte. Anstatt den Fehler direkt im Meeting anzusprechen und Herr Schmidt bloßzustellen, schrieb sie ihm eine diskrete Nachricht und bat um eine kurze Besprechung nach dem Meeting.

Herr Schmidt war dankbar für die rücksichtsvolle Art, wie Frau Meier ihn auf den Fehler hinwies. Sie besprachen das Problem in Ruhe und korrigierten die Zahlen gemeinsam, bevor sie die Präsentation an die Geschäftsleitung weiterleiteten. Diese Geschichte zeigt, wie wichtig es ist, Korrekturen respektvoll und taktvoll vorzubringen, um die Würde des anderen zu wahren und eine konstruktive Lösung zu finden.

Der wissenschaftliche Diskurs

Im akademischen Umfeld sind Korrekturen und Kritik an der Tagesordnung. Dr. Huber, eine renommierte Forscherin, präsentierte ihre neuesten Forschungsergebnisse auf einer internationalen Konferenz. Während der Fragerunde stellte ein junger Doktorand eine kritische Frage und wies auf eine mögliche Inkonsistenz in den Daten hin.

Dr. Huber, die seit Jahrzehnten in ihrem Fachgebiet arbeitete, reagierte nicht defensiv. Sie bedankte sich für die aufmerksame Beobachtung und erklärte, dass sie die Daten erneut überprüfen und die Anregung in ihre weitere Forschung einbeziehen würde. Ihre Reaktion zeigte, dass wahre Größe und Expertise darin liegen, auch von unerwarteten Quellen zu lernen und Kritik als Möglichkeit zur Verbesserung zu sehen.

Fazit:

Diese Geschichten aus dem Alltag verdeutlichen, dass Korrekturen und die Reaktionen darauf von vielen Faktoren beeinflusst werden, einschließlich der Art und Weise, wie die Korrektur vorgebracht wird, der Beziehung zwischen den Beteiligten und der jeweiligen Situation. Respektvolle und empathische Kommunikation kann helfen, Korrekturen konstruktiv zu gestalten und Missverständnisse oder Konflikte zu vermeiden. Indem wir offen für Feedback bleiben und uns bewusst um eine wertschätzende Vermittlung bemühen, können wir nicht nur unser Wissen erweitern, sondern auch stärkere und positivere Beziehungen aufbauen.

Teil 6:

Anwendung und Ausblick

Der Besserwisser in Bildung und Erziehung

In den Bereichen Bildung und Erziehung spielen Lehrer und Pädagogen eine zentrale Rolle bei der Formung der jungen Geister. Ihr Einfluss reicht weit über das bloße Vermitteln von Wissen hinaus. Sie sind Vorbilder, Mentoren und manchmal auch die ersten Besserwisser, denen Kinder und Jugendliche begegnen. Die Art und Weise, wie Lehrer Korrekturen und Wissen vermitteln, hat tiefgreifende Auswirkungen auf die Entwicklung von Kindern und Jugendlichen.

Die Autorität des Lehrers

In vielen Bildungssystemen wird Lehrern eine gewisse Autorität zugeschrieben. Diese Autorität ist notwendig, um eine strukturierte Lernumgebung zu gewährleisten, kann aber auch dazu führen, dass Schüler eine hierarchische Sicht auf Wissen entwickeln. Ein Lehrer, der seine Rolle als Wissensvermittler zu streng interpretiert, kann leicht als Besserwisser wahrgenommen werden. Diese Wahrnehmung hängt stark davon ab, wie der Lehrer mit seinen Schülern interagiert und wie er Korrekturen und Belehrungen kommuniziert.

Ein Beispiel dafür ist Herr Braun, ein Mathematiklehrer, der für seine strengen Methoden und seine unnachgiebige Art bekannt ist. Er besteht darauf, dass seine Schüler jede Aufgabe genau so lösen, wie er es vorgibt, und toleriert keine Abweichungen. Obwohl seine Schüler viel lernen, fühlen sie sich oft entmutigt, eigene Lösungswege zu suchen oder Fragen zu stellen, weil sie Angst haben, von Herrn Braun belehrt zu werden. In diesem Szenario wirkt die Lehrkraft als Besserwisser, dessen Umgang mit Wissen und Korrekturen die Kreativität und das Selbstvertrauen der Schüler hemmt.

Pädagogische Flexibilität und Empathie

Im Gegensatz dazu steht Frau Schulze, eine Biologielehrerin, die ihre Schüler ermutigt, Fragen zu stellen und verschiedene Lösungswege zu erforschen. Wenn ein Schüler einen Fehler macht, nutzt sie dies als Gelegenheit für gemeinsames Lernen. Statt die richtige Antwort einfach vorzugeben, stellt sie gezielte Fragen, die den Schüler dazu bringen, den Fehler selbst zu erkennen und zu korrigieren. Diese Methode fördert das kritische Denken und die Problemlösungsfähigkeiten der Schüler und schafft ein Lernumfeld, in dem Korrekturen als natürlicher Teil des Lernprozesses gesehen werden.

Ein besonders eindrucksvolles Beispiel für Frau Schulzes Ansatz ereignete sich, als sie einen Schüler, Tim, dabei unterstützte, ein komplexes Biologieprojekt zu korrigieren. Tim hatte eine Hypothese aufgestellt, die sich als falsch erwies. Statt ihn einfach zu korrigieren, fragte Frau Schulze: »Was könnten die Gründe sein, dass deine Ergebnisse von der Hypothese abwei-

chen?« Durch diese Frage regte sie Tim dazu an, tiefer zu for-
schen und seine Methodik zu überdenken. Am Ende hatte Tim
nicht nur den Fehler verstanden, sondern auch gelernt, wie
man wissenschaftliche Hypothesen kritisch hinterfragt und
testet.

Die Bedeutung von Vorbildern

Lehrer und Pädagogen sind nicht nur Wissensvermittler, sondern auch Vorbilder für ihre Schüler. Ihr Verhalten beeinflusst
maßgeblich, wie Schüler Korrekturen und Kritik wahrnehmen
und darauf reagieren. Ein Lehrer, der offen für eigene Fehler
ist und zeigt, wie man konstruktiv mit Kritik umgeht, vermittelt
wichtige Lektionen über Demut und kontinuierliches Lernen.

Herr Meier, ein Geschichtslehrer, ist dafür bekannt, dass er
gelegentlich seine eigenen Fehler vor der Klasse zugibt. Wenn
er eine Jahreszahl oder ein Detail falsch nennt und ein Schüler
ihn korrigiert, bedankt er sich und korrigiert den Fehler ohne
Zögern. Diese Offenheit ermutigt seine Schüler, selbstbewusst
Fragen zu stellen und Kritik anzunehmen, ohne Angst vor
Bloßstellung oder Scham. Herr Meiers Verhalten zeigt, dass
Wissen nicht starr ist, sondern durch ständige Überprüfung
und Diskussion erweitert wird.

Einfluss auf die Persönlichkeitsentwicklung

Die Art und Weise, wie Lehrer und Pädagogen mit Korrekturen umgehen, hat auch einen tiefgreifenden Einfluss auf die
Persönlichkeitsentwicklung der Schüler. Kinder und Jugendli-

che, die in einem Umfeld aufwachsen, in dem Fehler als Lernchancen gesehen werden, entwickeln tendenziell ein gesünderes Selbstbewusstsein und sind offener für neues Wissen.

Ein Fallbeispiel ist Lisa, eine Schülerin, die in der Grundschule oft Angst hatte, vor der Klasse zu sprechen, weil sie befürchtete, Fehler zu machen. Ihre Lehrerin, Frau Beck, bemerkte Lisas Zurückhaltung und beschloss, ein Umfeld zu schaffen, in dem Fehler nicht als Versagen, sondern als Teil des Lernprozesses gesehen werden. Sie führte eine ›Fehler des Tages‹-Übung ein, bei der Schüler ihre Fehler teilen und gemeinsam darüber sprechen konnten, was sie daraus gelernt haben. Lisa begann, sich wohler zu fühlen und nahm zunehmend aktiv am Unterricht teil. Diese Veränderung in Lisas Verhalten zeigt, wie ein positiver Umgang mit Korrekturen die Entwicklung von Selbstvertrauen und Lernfreude fördern kann.

Langfristige Auswirkungen

Die Erfahrungen, die Kinder und Jugendliche in der Schule mit Korrekturen und Kritik machen, prägen oft ihre Einstellung gegenüber Wissen und Lernen ein Leben lang. Ein positiver, unterstützender Ansatz kann dazu beitragen, dass Schüler auch später im Leben offen für neues Wissen und bereit sind, ihre Überzeugungen zu hinterfragen.

Im Gegensatz dazu können negative Erfahrungen mit besserwisserischen Lehrern zu einer Ablehnung von Kritik und einem starren Denken führen. Schüler, die gelernt haben, dass Fehler beschämend sind und Korrekturen als persönliche Angriffe betrachtet werden, könnten Schwierigkeiten haben, konstruktive Kritik anzunehmen und ihr Wissen kontinuierlich zu erweitern.

Fazit:

Die Rolle von Lehrern und Pädagogen im Umgang mit Wissen und Korrekturen ist von entscheidender Bedeutung für die Entwicklung von Kindern und Jugendlichen. Durch ihre Methoden und ihr Verhalten beeinflussen sie, wie junge Menschen Korrekturen wahrnehmen und darauf reagieren. Ein respektvoller, unterstützender Ansatz kann dazu beitragen, dass Schüler Fehler als natürlichen Teil des Lernprozesses sehen und offener für Kritik und neues Wissen sind. Indem Lehrer als positive Vorbilder agieren und zeigen, wie man konstruktiv mit Korrekturen umgeht, können sie einen nachhaltigen Einfluss auf die Persönlichkeitsentwicklung und das lebenslange Lernen ihrer Schüler ausüben.

Besserwisserei im Berufsleben

In der modernen Arbeitswelt sind Wissen und Expertise von unschätzbarem Wert. Doch wie dieses Wissen kommuniziert und geteilt wird, kann den Unterschied zwischen einem harmonischen, produktiven Arbeitsumfeld und einem von Konflikten geprägten Arbeitsplatz ausmachen. Besserwisserei am Arbeitsplatz ist ein Phänomen, das die Dynamik zwischen Kollegen und Vorgesetzten erheblich beeinflussen kann. Es geht darum, wie Wissen präsentiert, hinterfragt und korrigiert wird – und welche emotionalen und sozialen Reaktionen dies auslöst.

Die Dynamik am Arbeitsplatz

Der Arbeitsplatz ist ein komplexes Gefüge aus Hierarchien, Rollen und Erwartungen. In diesem Umfeld kann Besserwisserei eine besondere Brisanz entwickeln. Sie tritt oft in Situationen auf, in denen Kollegen oder Vorgesetzte Fehler aufzeigen oder vermeintlich überlegenes Wissen präsentieren. Dies kann sowohl positive als auch negative Folgen haben.

Nehmen wir zum Beispiel Anna, eine junge Ingenieurin in einem großen Technologieunternehmen. Anna ist sehr kompetent und hat oft innovative Ideen. Ihre Art, diese Ideen zu präsentieren, wird jedoch von einigen Kollegen als besserwisserisch wahrgenommen. Wenn sie Fehler in den Projekten ihrer Kollegen findet, korrigiert sie diese direkt und mit einer gewissen Selbstsicherheit. Obwohl ihre Vorschläge oft hilfreich sind,

fühlen sich einige ihrer Kollegen durch ihre direkte Art angegriffen oder herabgesetzt.

Umgang mit Kollegen

Die Art und Weise, wie Wissen unter Kollegen geteilt wird,
kann entscheidend für das Arbeitsklima sein. Besserwisserei
kann Spannungen erzeugen und zu Misstrauen führen, wenn
sie nicht sensibel und respektvoll kommuniziert wird. Ein
wichtiger Aspekt ist das Timing und der Ton der Korrektur.
Wird ein Kollege vor versammelter Mannschaft auf einen Fehler hingewiesen, kann dies leicht als Bloßstellung empfunden
werden.

Ein Beispiel für einen konstruktiveren Ansatz zeigt sich bei
Markus, einem erfahrenen Softwareentwickler. Als er bemerkte,
dass sein Kollege Tom einen Fehler in einer wichtigen Codese-
quenz gemacht hatte, entschied er sich, Tom nach dem Meeting unter vier Augen anzusprechen. Markus erklärte ruhig und
sachlich, was er bemerkt hatte, und bot gleichzeitig seine Hilfe
bei der Korrektur an. Tom nahm die Kritik nicht nur an, sondern war auch dankbar für die diskrete und respektvolle Art,
wie Markus die Situation gehandhabt hatte. Diese Episode
stärkte das Vertrauen und die Zusammenarbeit im Team.

Umgang mit Vorgesetzten

Besserwisserei im Umgang mit Vorgesetzten kann besonders
heikel sein. Hier ist die Machtbalance deutlich spürbar, und
Korrekturen oder Belehrungen seitens der Mitarbeiter können

leicht als Infragestellen der Autorität wahrgenommen werden. Dies kann sowohl die Karriere des Mitarbeiters als auch das Betriebsklima negativ beeinflussen.

Ein klassisches Beispiel hierfür ist Michael, ein Marketingmanager, der seinem Chef während einer Präsentation vor dem gesamten Team widersprach. Obwohl Michael im Recht war und der Vorschlag seines Chefs tatsächlich fehlerhaft war, führte die öffentliche Korrektur zu Spannungen. Der Chef fühlte sich in seiner Autorität untergraben und Michael musste sich in den folgenden Wochen mit den Konsequenzen seiner unüberlegten Offenheit auseinandersetzen.

Eine alternative Vorgehensweise wäre gewesen, wenn Michael seinen Chef nach der Präsentation in einem privaten Gespräch auf den Fehler hingewiesen hätte. Diese respektvolle und diskrete Form der Kommunikation hätte nicht nur die Beziehung zu seinem Vorgesetzten geschützt, sondern auch seine Professionalität unter Beweis gestellt.

Emotionale und soziale Auswirkungen

Die emotionalen Reaktionen auf Besserwisserei am Arbeitsplatz sind vielfältig. Stolz, Scham, Frustration und Dankbarkeit sind nur einige der möglichen Emotionen, die im Spiel sein können. Die Art und Weise, wie Korrekturen präsentiert werden, beeinflusst maßgeblich, welche dieser Emotionen dominieren.

Ein weiteres Beispiel ist Sarah, eine Projektleiterin in einer PR-Agentur. Sie hatte die Angewohnheit, ihre Mitarbeiter während Meetings öffentlich zu korrigieren, um ihre eigenen Kenntnisse zu demonstrieren. Dies führte dazu, dass viele ihrer Mitarbeiter sich nicht wertgeschätzt fühlten und anfingen, Fehler zu verbergen, anstatt sie offen zu besprechen. Die Arbeitsatmosphäre litt erheblich, und die Produktivität des Teams sank.

Nach einem Coaching-Programm erkannte Sarah die negativen Auswirkungen ihres Verhaltens und änderte ihre Herangehensweise. Sie begann, positives Feedback mit konstruktiver Kritik zu kombinieren und Korrekturen in Einzelgesprächen vorzunehmen. Die Veränderungen in ihrem Verhalten führten zu einer spürbaren Verbesserung des Arbeitsklimas und stärkten das Vertrauen im Team.

Praktische Ansätze zur Vermeidung von Besserwisserei

Die Vermeidung von besserwisserischem Verhalten am Arbeitsplatz erfordert ein hohes Maß an emotionaler Intelligenz und Kommunikationsfähigkeit. Einige bewährte Ansätze umfassen:

Aktives Zuhören: Statt sofort zu korrigieren, kann aktives Zuhören helfen, die Perspektive des anderen zu verstehen und zu respektieren.

Empathie zeigen: Sich in die Lage des anderen zu versetzen und zu überlegen, wie die Korrektur am besten angenommen wird, ist entscheidend.

Respektvoller Ton: Die Wahl der Worte und der Tonfall sind entscheidend, um Korrekturen als hilfreich und nicht als herablassend erscheinen zu lassen.

Diskretion wahren: Korrekturen sollten, wenn möglich, in einem privaten Rahmen erfolgen, um Peinlichkeiten und öffentliche Bloßstellungen zu vermeiden.

Konstruktive Kritik: Kritik sollte immer konstruktiv und lösungsorientiert sein. Es hilft, konkrete Verbesserungsvorschläge zu machen, anstatt nur auf Fehler hinzuweisen.

Feedback-Kultur fördern: Eine offene und vertrauensvolle Feedback-Kultur kann dazu beitragen, dass Korrekturen als natürlicher Teil des Arbeitsprozesses akzeptiert werden.

Fazit:

Besserwisserei am Arbeitsplatz ist ein Phänomen, das durch die Dynamik von Wissen und Hierarchie geprägt ist. Die Art und Weise, wie Wissen geteilt und Korrekturen kommuniziert werden, hat tiefgreifende Auswirkungen auf das Arbeitsklima und die Beziehungen zwischen Kollegen und Vorgesetzten. Durch einen respektvollen und empathischen Umgang mit Korrekturen kann ein positives und produktives Arbeitsumfeld geschaffen werden, in dem Wissen als gemeinsames Gut betrachtet und kontinuierlich weiterentwickelt wird.

Der Besserwisser im privaten Umfeld

Das private Umfeld – Familie und Freundeskreis – stellt einen Mikrokosmos dar, in dem die Dynamiken von Korrekturen und Belehrungen besonders intensiv erlebt werden. Hier sind die Beziehungen tief verwurzelt und von emotionaler Nähe geprägt, was die Auswirkungen von besserwisserischem Verhalten umso stärker spürbar macht. Die Art und Weise, wie Korrekturen und Belehrungen in diesem Kontext kommuniziert werden, kann maßgeblich zum harmonischen Miteinander beitragen oder aber Spannungen und Konflikte hervorrufen.

Korrekturen in der Familie

Familienmitglieder verbringen oft viel Zeit miteinander und kennen sich gut. Diese Vertrautheit kann dazu führen, dass Korrekturen und Belehrungen häufiger vorkommen und intensiver erlebt werden. Ein klassisches Beispiel ist das Verhältnis zwischen Eltern und Kindern. Eltern sehen es als ihre Aufgabe an, ihre Kinder zu erziehen und zu formen, was oft mit zahlreichen Korrekturen einhergeht. Diese Korrekturen sind meist gut gemeint, können jedoch als bevormundend und übergriffig empfunden werden, besonders wenn die Kinder älter werden.

Nehmen wir das Beispiel von Laura, einer Teenagerin, die oft von ihrer Mutter wegen ihrer Kleidung und ihres Auftretens kritisiert wird. Obwohl die Mutter nur das Beste für ihre Tochter möchte, fühlt sich Laura durch die ständigen Korrekturen bevormundet und missverstanden. Dies führt zu Spannungen und Streitigkeiten. Eine Möglichkeit, diese Dynamik zu verändern, wäre, dass die Mutter versucht, ihre Kritik in Form von Vorschlägen und Diskussionen zu äußern, statt direkt zu korrigieren. Ein respektvoller Dialog kann dazu beitragen, dass Laura sich ernstgenommen fühlt und die Ratschläge eher annimmt.

Belehrungen im Freundeskreis

Im Freundeskreis gestaltet sich die Dynamik von Korrekturen und Belehrungen etwas anders. Hier herrscht eine gleichberechtigtere Beziehung, und Korrekturen können schneller als Angriff auf das Selbstwertgefühl empfunden werden. Freunde erwarten Unterstützung und Verständnis, und besserwisserisches Verhalten kann als Verrat an diesen Erwartungen wahrgenommen werden.

Ein Beispiel aus der Praxis ist das Verhalten von Jonas in seinem Freundeskreis. Jonas ist sehr belesen und informiert, was ihn dazu verleitet, seine Freunde häufig zu korrigieren. Sei es bei Fakten über Politik, Filmwissen oder Lebensstilentscheidungen – Jonas findet immer etwas, das er verbessern kann. Dies führt dazu, dass sich seine Freunde zunehmend von ihm distanzieren und ihn als anstrengend empfinden. Eine Möglichkeit für Jonas, sein Verhalten anzupassen, wäre, seine Freunde erst zu fragen, ob sie seine Meinung oder Korrektur hören möchten, bevor er sie äußert. So zeigt er Respekt vor ihren Ansichten und bietet seine Hilfe nur an, wenn sie erwünscht ist.

Strategien für ein harmonisches Miteinander

Für ein harmonisches Miteinander in Familie und Freundeskreis ist es wichtig, Korrekturen und Belehrungen sensibel und respektvoll zu gestalten. Dies erfordert eine hohe emotionale Intelligenz und die Fähigkeit zur Selbstreflexion.

1. Empathie entwickeln: Sich in die Lage des anderen zu versetzen und zu überlegen, wie die Korrektur aufgenommen werden könnte, ist ein erster Schritt. Empathie hilft, den richtigen Ton und Moment für die Korrektur zu finden.

2. Respektvolle Kommunikation: Der Ton macht die Musik. Eine respektvolle und wertschätzende Kommunikation kann Korrekturen angenehmer gestalten. Anstatt zu sagen: »Das ist falsch!«, könnte man sagen: »Ich sehe das anders, weil ...«.

3. Die eigene Motivation hinterfragen: Warum möchte man den anderen korrigieren? Geht es um das Wohl des anderen oder um das eigene Bedürfnis, Recht zu haben? Eine ehrliche Selbstreflexion kann helfen, unnötige Belehrungen zu vermeiden.

4. Konstruktives Feedback geben: Korrekturen sollten immer lösungsorientiert und hilfreich sein. Anstatt nur auf Fehler hinzuweisen, sollte man auch Vorschläge zur Verbesserung machen.

5. Positive Verstärkung: Lob und Anerkennung für das, was gut gemacht wurde, sind ebenso wichtig wie Korrekturen. Ein ausgewogenes Verhältnis zwischen Kritik und Lob fördert ein positives Klima.

6. Geduld und Nachsicht: Jeder macht Fehler, und niemand ist perfekt. Geduld und Nachsicht gegenüber den Schwächen und Fehlern der anderen tragen zu einem harmonischen Miteinander bei.

Fallbeispiele und Erfahrungsberichte

Um die Dynamik von Korrekturen und Belehrungen im privaten Umfeld zu veranschaulichen, sollen einige Fallbeispiele und Erfahrungsberichte betrachtet werden.

Fallbeispiel 1:

Die übervorsichtige Mutter

Clara, eine junge Mutter, bemerkt oft Fehler in den Handlungen ihres Mannes Peter, wenn es um die Erziehung ihres kleinen Sohnes geht. Sie korrigiert ihn ständig, wenn er das Kind füttert, wickelt oder ins Bett bringt. Peter fühlt sich dadurch entmündigt und entwickelt das Gefühl, als Vater versagt zu haben. Nachdem Clara sich durch eine Familientherapie mit dem Thema auseinandersetzt, lernt sie, Peter mehr Vertrauen zu schenken und ihre Korrekturen vorsichtiger und unterstützender zu formulieren. Die Beziehung der beiden verbessert sich spürbar.

Fallbeispiel 2:

Der belehrende Freund

Max und Leon sind seit ihrer Jugend befreundet. Max ist derjenige, der immer auf dem neuesten Stand ist und sich in vielen Themen gut auskennt. Leon hingegen ist eher der Praktiker und legt weniger Wert auf theoretisches Wissen. Immer wieder fühlt sich Leon von Max belehrt und weniger wertgeschätzt. In einem klärenden Gespräch erklärt Leon Max, wie dessen Verhalten auf ihn wirkt. Max beginnt daraufhin, bewusster darauf zu achten, wie und wann er seine Korrekturen äußert. Ihre Freundschaft gewinnt dadurch an Tiefe und Respekt.

Fazit:

Besserwisserei im privaten Umfeld kann das zwischenmenschliche Klima stark beeinflussen. Sensibilität, Empathie und respektvolle Kommunikation sind Schlüssel, um Korrekturen und Belehrungen so zu gestalten, dass sie zum harmonischen Miteinander beitragen statt Spannungen zu erzeugen. Durch positive Verstärkung, konstruktives Feedback und Geduld können Familienmitglieder und Freunde ihre Beziehungen vertiefen und gemeinsam wachsen. Das Bewusstsein für die eigenen Kommunikationsmuster und deren Auswirkungen ist dabei ein entscheidender Faktor.

Zukunftsaussichten und Fazit

Die Reise durch die Geschichte und Dynamik der Besserwisserei hat uns verschiedene Perspektiven dieser menschlichen Eigenart aufgezeigt. Von den Ursprüngen in antiken Kulturen über die Rolle in der Kirche und der Säkularisierung, bis hin zu modernen Manifestationen in der Popkultur und dem digitalen Zeitalter – der Besserwisser ist eine Figur, die sich stetig wandelt und doch stets präsent bleibt. Abschließend sollen die wichtigsten Erkenntnisse zusammengefasst und ein Ausblick auf die zukünftige Entwicklung der gesellschaftlichen Wahrnehmung von Besserwissern geworfen werden, bevor abschließende Gedanken und Empfehlungen den Bogen spannen.

Zusammenfassung der wichtigsten Erkenntnisse

Die Untersuchung der Besserwisserei hat gezeigt, dass diese nicht nur ein individuelles Phänomen, sondern tief in kulturellen, sozialen und psychologischen Kontexten verwurzelt ist. Historisch gesehen, war das Bedürfnis, Wissen zu korrigieren und zu vermitteln, stets von ambivalenten Gefühlen begleitet. In der Antike wurden Besserwisser oft als weise angesehen, während sie in anderen Epochen als lästig oder sogar gefährlich galten. Die Kirche und die Aufklärung prägten die Wahrnehmung von Wissen und dessen Vermittlung nachhaltig, wobei der Wandel von autoritären zu offeneren Gesellschaften die Art und Weise beeinflusste, wie Korrekturen aufgenommen wurden.

Im digitalen Zeitalter hat sich die Dynamik weiter verschoben. Die ständige Verfügbarkeit von Informationen und die Plattformen sozialer Medien haben zu einer neuen Form der Besserwisserei geführt, die oft schneller und öffentlicher erfolgt. Dies führt zu neuen Herausforderungen, aber auch zu Chancen für einen konstruktiveren Umgang mit Wissen und Korrektur.

Ausblick auf die zukünftige Entwicklung

Die Zukunft der gesellschaftlichen Wahrnehmung von Besserwissern wird maßgeblich davon abhängen, wie wir als Gesellschaft mit Wissen, Information und Korrektur umgehen. Es zeichnet sich ab, dass die Fähigkeit zur Selbstreflexion und zur konstruktiven Kritik eine immer größere Rolle spielen wird. In einer zunehmend vernetzten und informationsüberfluteten Welt ist es wichtiger denn je, zwischen nützlichen Korrekturen und überflüssiger Besserwisserei zu unterscheiden.

Bildungsprogramme, die emotionale Intelligenz und Kommunikationsfähigkeiten fördern, könnten helfen, die negativen Aspekte der Besserwisserei zu mindern. Workshops und Trainingsprogramme, die sich auf respektvolle und effektive Kommunikation konzentrieren, könnten sowohl im beruflichen als auch im privaten Umfeld zu einem harmonischeren Miteinander beitragen.

Technologische Entwicklungen könnten ebenfalls Einfluss auf die Wahrnehmung von Besserwisserei haben. Künstliche

Intelligenz und Algorithmen, die in der Lage sind, kontextbezogene und nuancierte Informationen zu liefern, könnten die Art und Weise verändern, wie wir Korrekturen wahrnehmen und integrieren. Diese Technologien könnten dazu beitragen, dass Korrekturen weniger als persönliche Angriffe und mehr als nützliche Informationen wahrgenommen werden.

Abschließende Gedanken und Empfehlungen

Die Auseinandersetzung mit dem Phänomen der Besserwisserei offenbart eine tiefe menschliche Sehnsucht nach Wissen und Verständnis, die jedoch oft von Stolz und Unsicherheiten überschattet wird. Um die negativen Konnotationen der Besserwisserei zu überwinden, müssen wir lernen, wie wir Wissen respektvoll und konstruktiv teilen können.

Es ist entscheidend, Empathie und Geduld zu entwickeln, sowohl im Geben als auch im Empfangen von Korrekturen. Dies erfordert eine Kultur des Vertrauens und des gegenseitigen Respekts, in der Menschen offen für Feedback sind, ohne sich verteidigen zu müssen. Auch die Rolle der Bildung sollte nicht unterschätzt werden: Schulen und Universitäten können dazu beitragen, die Fähigkeit zur Selbstreflexion und zur konstruktiven Kritik zu fördern.

Im beruflichen Umfeld sollten Führungskräfte und Mitarbeiter gleichermaßen darin geschult werden, wie sie Feedback respektvoll und effektiv kommunizieren können. Dies kann durch regelmäßige Schulungen und eine offene Feedbackkultur unterstützt werden, in der Korrekturen als Chancen zur Verbesserung und nicht als persönliche Angriffe gesehen werden.

Abschließend bleibt zu sagen, dass die Besserwisserei, wenn sie richtig verstanden und angewendet wird, ein wertvolles Werkzeug zur Förderung von Wissen und Verständnis sein kann. Es liegt an uns, die richtigen Strategien zu entwickeln und umzusetzen, um sicherzustellen, dass Korrekturen als positive und konstruktive Beiträge zur gemeinsamen Wissensbasis wahrgenommen werden.

Indem wir die Kunst der respektvollen und empathischen Kommunikation meistern, können wir die negativen Aspekte der Besserwisserei überwinden und zu einer Kultur des gegenseitigen Respekts und der kontinuierlichen Verbesserung beitragen. So können wir sicherstellen, dass das Streben nach Wissen und Wahrheit, das den Kern der Besserwisserei ausmacht, auf eine Weise gelebt wird, die das Miteinander stärkt und bereichert.

Über den Autor

 Lutz Spilker wurde im Jahre 1955 in Duisburg geboren.

Bevor er zum Schreiben von Romanen und Dokumentationen fand, verließen bisher unzählige Kurzgeschichten, Kolumnen und Versdichtungen seine Feder.

In seinen Büchern befasst er sich vorrangig mit dem menschlichen Bewusstsein und der damit verbundenen Wahrnehmung. Seine Grenzen sind nicht die, welche mit der Endlichkeit des Denkens, des Handelns und des Lebens begrenzt werden, sondern jene, die der empirischen Denkform noch nicht unterliegen.

Es sind die Möglichkeiten des Machbaren, die Dinge, welche sich allein in der Vorstellung eines jeden Menschen darstellen und aufgrund der Flüchtigkeit des Geistes unbewiesen bleiben. Die Erkenntnis besitzt ihre Gültigkeit lediglich bis zur Erlangung einer neuen und die passiert zu jeder weiteren Sekunde.

Die Welt von Lutz Spilker beginnt dort, wo zu Beginn allen Seins nichts Fassbares war, als leerer Raum. Kein Vorne, kein Hinten, kein Oben und kein Unten. Kein Glaube, kein Wissen, keine Moral, keine Gesetze und keine Grenzen. Nichts.

In Lutz Spilkers Romanen passieren heimtückische Morde ebenso wie die Zauber eines Märchens. Seine Bücher sind oftmals Thriller, Krimi, Abenteuer, Science Fiction, Fantasy und selbst Love-Story in einem.

»Ich liebe die Sprache: Sie vermag zu streicheln, zu liebkosen und zu Tränen zu rühren. Doch sie kann ebenso stachelig sein, wie der Dorn einer Rose und mit nur einem Hieb zerschmettern.«

In dieser Reihe sind bisher erschienen

Die Erfindung der Langeweile
Die Erfindung des Menschen
Die Erfindung des Geldes
Die Erfindung des Teufels
Die Erfindung des Erfolgs
Die Erfindung der Sterblichkeit
Die Erfindung der Lüge
Die Erfindung der Freiheit
Die Erfindung des Todes
Die Erfindung der Welt
Die Erfindung des Inselmenschen
Die Erfindung der Zeit
Die Erfindung der Seele
Die Erfindung der Politik
Die Erfindung des Gewissens
Die Erfindung der Religion
Die Erfindung der Schuld
Die Erfindung der Gerechtigkeit
Die Erfindung des Friedens
Die Erfindung des Selbstgesprächs
Die Erfindung der Zukunft
Die Erfindung der Pornographie
Die Erfindung der Verschwendung
Die Erfindung des Erwachsenseins
Die Erfindung der Hölle
Die Erfindung der Überbevölkerung
Die Erfindung des Himmels
Die Erfindung der Monarchie
Die Erfindung der Unterhaltung
Die Erfindung der Sprache
Die Erfindung der Musik
Die Erfindung der Wiedergeburt
Die Erfindung des Zufalls

Die Erfindung der Namen
Die Erfindung des Bewusstseins
Die Erfindung des freien Willens
Die Erfindung des Wahrsagens
Die Erfindung der Körpersprache
Die Erfindung des Schlafs
Die Erfindung der Sklaverei
Die Erfindung der Angst
Die Erfindung der Vernunft
Die Erfindung des Vollmonds
Die Erfindung des Vitamin B
Die Erfindung des Make-Up
Die Erfindung des Weihnachtsfestes
Die Erfindung des Ku-Klux-Klan
Die Erfindung des Träumens
Die Erfindung der Flaschenpost
Die Erfindung der Mafia
Die Erfindung der Freimaurer
Die Erfindung der Freibeuter
Die Erfindung der Raumfahrt
Die Erfindung der Tempelritter
Die Erfindung des ADHS-Syndroms
Die Erfindung der Homöopathie
Die Erfindung der Freizeitparks
Die Erfindung des Werwolfs
Die Erfindung des Astralkörpers
Die Erfindung des Zölibats
Die Erfindung des Herkules
Die Erfindung des Vampirs
Die Erfindung der Philosophie
Die Erfindung des Bieres
Die Erfindung des Ungeheuers von Loch Ness
Die Erfindung der Prä-Astronautik
Die Erfindung des Voodoo
Die Erfindung des Multitasking
Die Erfindung des Besserwissers

Zeitfracht Medien GmbH
Ferdinand-Jühlke-Straße 7
99095 Erfurt, Deutschland
produktsicherheit@kolibri360.de